Minerva Shobo Librairie

保健医療福祉行政論

［改訂版］

府川哲夫/磯部文雄

［著］

ミネルヴァ書房

まえがき

　少子高齢化の進行，経済の長期低迷とグローバル化の進行，雇用の流動化，家族や地域の人間関係の希薄化，さらには新型コロナウイルス感染症の世界的流行などによって，人々の安心・安全がもはや自明のものではなく，不安定な時代に突入している今日，多くの国民は社会保障，中でも保健医療福祉制度の健全な発展を望んでいる。その実現のためには，制度の効率化と機能強化のバランスを図ることにより，必要な給付のための財源を確保し，それを負担する人々の理解と協力を得ることが不可欠である。この状況は先進諸国に共通であるが，高齢化の現状と今後の見通しから判断して，日本が既に一番厳しい状況に置かれていることは明らかであり，自ら解決策を見つけていかなければならない。

　制度の効率化と機能強化のバランスを図るためには，保健医療福祉サービスの中での優先順位付け，サービス供給体制の整備，マンパワー問題の解決等についての国民の合意が必要である。そうした合意を得るためには，多くの人が制度の仕組みをよく理解していることが欠かせない。本書が保健医療福祉分野の制度に関する理解に貢献し，より良い制度改革のための合意形成に役立てば幸甚である。

　本書は保健医療福祉分野の行政に関する標準的な教科書を目指し，また，本書で扱っていない年金保険や労働保険を主題とする別の教科書と組み合わせて，標準的な社会保障論の教科書になることを意図している。出版に際しては，ミネルヴァ書房の音田潔氏に大変お世話になった。心からお礼を申し上げる。

　　2021年9月

府川哲夫

磯部文雄

<h1 style="text-align:center">目　　次</h1>

まえがき

第1章　衛生サービス …………………………………………………………… 1

　第1節　保健医療福祉行政の仕組み …………………………………………… 1
　　1　国と地方の行政 ……………………………………………………………… 1
　　2　地方の保健医療福祉行政 …………………………………………………… 4

　第2節　保健衛生行政 …………………………………………………………… 4
　　1　保健衛生の発展 ……………………………………………………………… 4
　　2　衛生行政の実施体制 ………………………………………………………… 7

　第3節　公衆衛生 ………………………………………………………………… 10
　　1　感染症対策 …………………………………………………………………… 11
　　2　疾病対策 ……………………………………………………………………… 16
　　3　健康づくり対策 ……………………………………………………………… 18

　第4節　地域保健 ………………………………………………………………… 24
　　1　母子保健 ……………………………………………………………………… 24
　　2　老人保健 ……………………………………………………………………… 26
　　3　精神保健 ……………………………………………………………………… 26
　　4　歯科保健 ……………………………………………………………………… 28
　　5　自殺対策 ……………………………………………………………………… 29
　　6　学校保健 ……………………………………………………………………… 29

第2章　医療サービス …………………………………………………………… 33

　第1節　医療サービスと財政 …………………………………………………… 33
　　1　医療サービスへのアクセスと費用 ………………………………………… 33
　　2　医療保険制度の概要 ………………………………………………………… 34
　　3　医療保険の実施体制 ………………………………………………………… 47

　　　4　公費負担医療と国民医療費 ……………………………………… 48

　　　5　医療費の適正化 …………………………………………………… 51

　第2節　医療提供体制 ……………………………………………………… 51

　　　1　医療提供施設の状況 ……………………………………………… 52

　　　2　医療従事者の状況 ………………………………………………… 56

　　　3　医療提供の状況 …………………………………………………… 60

　第3節　高齢者医療 ………………………………………………………… 68

　　　1　高齢者の医療費を巡る歴史 ……………………………………… 68

　　　2　後期高齢者医療制度の概要 ……………………………………… 69

　　　3　高齢者への医療提供の状況 ……………………………………… 71

　第4節　日本の医療サービスの特徴と課題 ……………………………… 76

　　　1　日本の医療サービスの特徴 ……………………………………… 76

　　　2　主要な課題 ………………………………………………………… 78

　　　3　その他の課題 ……………………………………………………… 81

第3章　介護サービス ……………………………………………………… 87

　第1節　介護保険成立の背景 ……………………………………………… 87

　　　1　措置制度 …………………………………………………………… 87

　　　2　介護保険の目的と基本理念 ……………………………………… 88

　　　3　発足前の介護保険への賛否 ……………………………………… 89

　第2節　介護保険制度と財政 ……………………………………………… 90

　　　1　介護サービスの費用 ……………………………………………… 90

　　　2　介護保険制度の概要 ……………………………………………… 90

　　　3　介護保険の実施体制 ……………………………………………… 100

　　　4　現行介護保険制度の課題 ………………………………………… 101

　　　5　今後の介護保険制度の展望 ……………………………………… 104

　第3節　介護提供体制 ……………………………………………………… 107

　　　1　介護提供の主体 …………………………………………………… 107

　　　2　介護提供体制の概要 ……………………………………………… 108

　　　3　現行介護提供体制の課題 ………………………………………… 112

　　　4　今後の介護提供体制の展望 ……………………………………… 116

　　第4節　介護マンパワー ··117
　　　　1　介護マンパワーの現状と予測 ···117
　　　　2　介護マンパワーの確保 ···119
　　　　3　今後の介護マンパワーの展望 ···120

　　第5節　これからの高齢者介護 ··123
　　　　1　日本の介護サービスの特徴と課題 ··123
　　　　2　配慮すべき事項 ···124
　　　　3　具体的な提言 ··125

第4章　社会福祉サービス ···133

　　第1節　現在の社会福祉 ··133
　　　　1　社会福祉制度の変遷 ···133
　　　　2　社会福祉基礎構造改革（2000年前後）·····································136
　　　　3　社会福祉のその後の進展 ··137
　　　　4　福祉行政の実施体制 ···138

　　第2節　生活保護 ···142
　　　　1　生活保護制度 ··142
　　　　2　生活保護基準等 ···143
　　　　3　生活保護の実態 ···145
　　　　4　保護施設 ··147
　　　　5　被保護者の自立支援 ··147
　　　　6　適正適用 ··148

　　第3節　高齢者福祉 ··148
　　　　1　高齢者福祉の発展と介護保険制度 ··148
　　　　2　主な高齢者福祉サービス ··149
　　　　3　高齢者の虐待防止 ··151
　　　　4　認知症高齢者支援対策 ··152
　　　　5　福祉サービス利用援助事業 ···153
　　　　6　成年後見 ··155

　　第4節　障害者福祉 ··155
　　　　1　障害者福祉の目的 ··155

　　　2　障害者福祉施策の展開 ・・156

　　　3　各障害者（児）福祉 ・・・160

　　　4　障害者の現状 ・・・162

　　　5　障害者支援 ・・・165

　第5節　児童家庭福祉 ・・168

　　　1　児童福祉 ・・・168

　　　2　母子・寡婦福祉 ・・169

　　　3　健全育成施策 ・・171

　　　4　少子化対応 ・・172

　第6節　地域福祉 ・・175

　　　1　地域福祉と社会福祉法 ・・・・・・・・・・・・・・・・・・・・・・・・・・・・・・・・・・・・・175

　　　2　地域福祉の推進 ・・175

　　　3　社会福祉の基盤整備 ・・・・・・・・・・・・・・・・・・・・・・・・・・・・・・・・・・・・・・・177

　第7節　貧困問題 ・・177

　　　1　生活困窮者自立支援 ・・・・・・・・・・・・・・・・・・・・・・・・・・・・・・・・・・・・・・・177

　　　2　公的貸付制度等 ・・178

　　　3　ホームレス ・・・179

　　　4　貧困問題 ・・・179

第5章　保健医療福祉財政 ・・・・・・・・・・・・・・・・・・・・・・・・・・・・・・・・・・・・・・・183

　第1節　国の保健医療福祉予算 ・・・・・・・・・・・・・・・・・・・・・・・・・・・・・・・・・・183

　第2節　日本の社会保障の規模 ・・・・・・・・・・・・・・・・・・・・・・・・・・・・・・・・・・184

　第3節　地方財政 ・・186

　第4節　地方の衛生・福祉財政 ・・・・・・・・・・・・・・・・・・・・・・・・・・・・・・・・・190

　　　1　民生費の動向 ・・190

　　　2　衛生費の動向 ・・192

　第5節　利用者負担 ・・192

　第6節　民間社会福祉事業 ・・・・・・・・・・・・・・・・・・・・・・・・・・・・・・・・・・・・・194

　　　1　公の支配 ・・・194

　　　2　民間社会福祉事業と財政 ・・・・・・・・・・・・・・・・・・・・・・・・・・・・・・・・・194

第6章　保健医療福祉の計画と評価 …………………………………197

　第1節　地方自治体の保健医療福祉計画 ………………………197

　第2節　計画策定のプロセス ……………………………………200

　　　1　保健医療福祉計画の策定——医療計画を例に …………200

　　　2　手　　法 ……………………………………………………201

　　　3　地域住民との協働 …………………………………………202

　第3節　計画の推進と評価 ………………………………………203

　　　1　計画の推進 …………………………………………………203

　　　2　計画の評価 …………………………………………………204

　　　3　ガバメントからガバナンスへ …………………………204

終　章　保健医療福祉行政の今後の展望 ………………………………207

　第1節　欧米5カ国との対比でみる日本の医療・介護の状況 …207

　第2節　今後求められる保健医療福祉行政 ……………………208

　第3節　読者へのメッセージ ……………………………………210

索　引

コ ラ ム

食中毒の被害防止 ……………………………………………………… 2

国立公衆衛生院（現・国立保健医療科学院）………………………… 5

健康寿命 ………………………………………………………………… 6

WHOたばこ規制枠組条約 …………………………………………… 21

ライシャワー事件 ……………………………………………………… 27

医療coverage …………………………………………………………… 34

医薬品被害と保険 ……………………………………………………… 44

厚生労働省の危機管理 ………………………………………………… 48

医薬品被害の防止 ……………………………………………………… 60

胃ろうと終末期医療 …………………………………………………… 75

評価される日本の医療費の仕組み …………………………………… 77

ドイツの公的介護保険——日本との類似点・相違点 ……………… 107

イギリスのケアマネジメント ……………………………………… 127

朝日訴訟（生活保護）…………………………………………… 135

認知症高齢者数 …………………………………………………… 154

各国の児童手当 …………………………………………………… 171

1.57ショック …………………………………………………… 173

生活保護と暴力団 ………………………………………………… 180

国柄が感じられる財源 …………………………………………… 187

社会保障と経済成長 ……………………………………………… 190

第 1 章	衛生サービス

第 1 節　保健医療福祉行政の仕組み

1　国と地方の行政

　日本国憲法第25条には「すべて国民は，健康で文化的な最低限度の生活を営む権利を有する」と書かれている。この憲法のもとに各種法律が制定され，保健医療福祉行政が展開されている。国の行政については国家行政組織法に基づいて各省庁が設置されている。地方の行政については，日本国憲法（1947年）に述べられた原則に基づいて，地方自治法（1947年）に規定されている。地方自治法は1999年に大改正され，地方公共団体（都道府県・市町村等）の行政に対する国の関与は法令の規定に基づく必要最小限でなければならないとされ，地方公共団体の自主性・自律性が重視されている（改正地方自治法）。

　地方分権に関しては，地方分権推進法（1995年）でその方向が示され，地方分権一括法（1999年）を経て，地方分権改革推進法（2006年）によって地方分権の理念と方針が明示された。地方分権一括法（1999年）によって地方自治法をはじめ475の法律（一部勅令を含む）について一部改正または廃止が定められた。改正地方自治法（1999年）では，国の事務の執行において都道府県知事や市町村長を国の機関とみなして，国の監督と指示のもとに国の事務を処理させてきた機関委任事務制度を廃止し，地方公共団体が行う事務は自治事務と法定受託事務とに整理された。また国家公務員として国から給与を受けながら知事の指揮下にあった地方事務官制度も廃止され，地方事務官が処理していた事務は国家公務員による直接実施となった。

── コラム　食中毒の被害防止 ─────────

　数千人の被害者が出た1996年のO-157事件では，政府が疑わしい原因としてカイワレダイコンを公表した。しかし，何について，どのような行為を期待したか明確ではない，として司法判断で最終的に国の違法行為とされた。

　判決は，事後的に明らかになった事実を前提にしており，原因が明確でない時点での被害の拡大を防ぐ難しさに思い至っていないように見える。特定の行為を期待するための原因が特定できるまで待っていては被害防止が手遅れになる可能性もある。だから，幅広に公表し網をかけるべきだ。風評被害を防ぐこととのバランスは難しいが，公表しないで結果的に健康被害が広がってからでは取り返しがつかない。カイワレダイコンの場合のように，それが後で違法とされるなら，行政官・行政庁は国民の健康被害を防ぐための迅速な行動が取れない。

　上記のように，1990年代以降の地方分権の進展に伴い，国から地方自治体に対する規制緩和，条例制定権の拡大，事務における権限移譲が進む中で，地方自治体が所管する保健医療福祉行政に関わる事務の範囲や責務が増してきた。同時に，都道府県から市町村への権限移譲が行われている。住民の生活に関わる事務について市町村が担える事項はすべて市町村が実施することとなり，福祉行政においては市町村優先の原則が貫かれている。

　地方自治法は地方自治体（正確には地方公共団体）を「普通地方公共団体」と「特別地方公共団体」に区分している。普通地方公共団体は一般的な地方自治体で，都道府県や市町村がこれにあたる。特別地方公共団体は一部事務組合や広域連合などの地方公共団体の組合などとともに，特別区（東京23区）も含んでいる。

　2019年度末における市町村数は1,718で，その内訳は，政令指定都市20，中核市58，施行時特例市27，中都市（人口10万人以上の市）155，小都市（人口10万人未満の市）532，町村926となっている（総務省，2021）。

　政令指定都市は人口50万人以上を要件に政令で指定され，所管大臣が直接監督する（知事の許認可等の監督を受けない）という行政監督上の特例が設けられている。現在，20市が指定都市になっている。中核市は人口30万人以上（現在は20万人以上）の市の申出に基づき政令で指定され，指定都市のような行政監

督上の特例は設けられていないが，原則として指定都市に委譲されている事務を処理する（2017年1月現在，48市）。特例市は人口20万人以上の市の申出に基づき政令で指定された市であったが，2014年の地方自治法改正で廃止され，中核市に統合されることになった。なお，施行時特例市は27市ある（2020年3月現在）。このように政令指定都市など大都市は，保健医療福祉行政を含めて，行政の効率的な処理を図るため都道府県行政との調整が図られてきている。

　国の保健医療福祉行政に中心的な役割を果たすのは厚生労働省であるが，内閣府をはじめ法務省（成年後見，更生保護など），財務省（税控除など），文部科学省（福祉教育，障害児および障害者教育，要保護児童の自立支援など），国土交通省（住宅の供給，バリアフリーの促進など），経済産業省（ソーシャルビジネス，福祉機器など）等もその一翼を担っている。厚生労働省設置法（1999年）に厚生労働省の所掌事務が規定され，厚生労働省組織令（2000年）により厚生労働省本省に大臣官房及び11の局が設置されている。医政局，健康局，医薬・生活衛生局，老健局，保険局の5局は保健医療行政，子ども家庭局，社会・援護局，老健局の3局は福祉行政において中心的な役割を果たしている。各々の部局のもとには課が置かれている。本省の他に，施設等機関や地方厚生局などの地方支分部局が厚生労働省の組織に含まれる。また，厚生労働省には直営の更生援護機関として，国立障害者リハビリテーションセンターや国立児童自立支援施設が設置されている。さらに，諮問機関として専門家や有識者からなる社会保障審議会をはじめ各種審議会等が設置されている。

　内閣府は複数の省庁にまたがる分野を所管し，①共生社会に向けた施策（子どもの貧困対策，障害者施策，高齢社会対策など），②子ども・子育て支援新制度，③男女共同参画（ワーク・ライフ・バランスを含む），などは厚生労働行政と深い関連があるが，内閣府が所管している。また，社会保障と税の一体改革は，社会保障の充実・安定化のための安定財源確保と財政健全化の同時達成を目指すもので，2012年8月に関連8法案が成立し，社会保障制度改革推進法に基づき設置された社会保障制度改革国民会議の報告書（2013年8月）を受けて提出された「持続可能な社会保障制度の確立を図るための改革の推進に関する法律

案」（プログラム法案）が2013年12月に可決・成立した。この社会保障改革プログラム法は内閣官房の所管で，この法律に基づき関係閣僚で構成する社会保障制度改革推進本部と有識者で構成する社会保障制度改革推進会議が設置されている。

2　地方の保健医療福祉行政

　保健医療福祉行政では，都道府県は自ら行う部分もあるとともに市町村の指導・連絡調整，サービス提供事業者の認可や指導・監督，専門的な援助・支援，広域調整などを主な業務とすることに対し，市町村は住民に対する直接的な業務を主たる内容としている。1999年の「地方分権一括法」（地方自治法の改正を含む）により地方自治体の事務は自治事務と法定受託事務となり，生活保護や児童扶養手当などの事務は法定受託事務とされたものの，児童福祉，障害者福祉，高齢者福祉など多くの社会福祉事務が自治事務となった。地方分権の流れを受けて，保健医療福祉行政における地方自治体の役割と責任は拡大傾向にある。

　都道府県においては保健医療福祉行政を担当する機関（部局）が条例で定められる。都道府県はさらに保健医療福祉に関する専門の行政機関として，保健所・福祉事務所・児童相談所・身体障害者更生相談所・知的障害者更生相談所・婦人相談所を設置し，相談・措置などの直接的な支援を行っている。

　市（指定都市等を除く＝一般市）町村も市町村長の事務部局として保健医療福祉行政を担当する機関（部課）が条例で定められる。東京都の特別区は一般市と同様の行政組織を持つ。住民に最も身近な基礎的自治体である市町村は保健福祉サービスの実施主体となり，市町村は都道府県とともに国民健康保険の保険者の機能を果たしている。

第2節　保健衛生行政

1　保健衛生の発展

　「すべての人に健康で文化的な生活を」は人類共通の願いである。世界保健

┌─ コラム　国立公衆衛生院（現・国立保健医療科学院）─────────

　港区白金台にあった国立公衆衛生院の建物および設備は，アメリカのロックフェ
ラー財団から日本政府への寄贈である。援助額は約350万ドルであった。日本の公
衆衛生の改善と向上のため，公衆衛生に携わる技術者の養成・訓練を行うとともに，
公衆衛生に関する調査研究機関として設置された。医師・保健師・獣医師・薬剤
師・栄養士など，公衆衛生に従事する技術職に対して短期から長期の研修コースが
用意されている。

　1937年に旧保健所法が制定されたが，その前の1935年に，同じくロックフェラー
財団から寄付を受け，京橋区に東京市特別衛生地区保健館（現・中央区保健所）が
設置され，後の保健所の原型となった。

└──────────────────────────────────────

機関（WHO）は1978年のアルマ・アタ宣言で Health for All を打ち出し，その
後一貫してプライマリ・ヘルスケアを重視している。プライマリ・ヘルスケア
の 5 原則は①公平・平等性，②地域共同体・住民の主体的参加，③予防重視，
④適正技術，⑤複数の分野からの複合的・多角的アプローチの必要性，である。
特に，適正技術（その国，その地域にふさわしい技術でプライマリ・ヘルスケアを達
成する）の採用は現実的なアプローチと考えられる。その後，アメリカから近
接性・継続性（ケアの場が変わってもケアの内容が継続される）・包括性（予防から
リハビリまで）・文脈性（患者の価値観や考え方を踏まえたケア）を重視したプライ
マリケアの概念が提唱され，普及している。

　WHO は1986年にオタワ憲章を採択し，ヘルスプロモーションを「人々が自
らの健康をコントロールし，改善できるようにするプロセス」と定義して，す
べての人があらゆる生活の場で健康を享受できる公正な社会の創造をめざした。
その後，2005年のバンコク憲章ではヘルスプロモーションの定義を「人々が自
らの健康とその決定要因をコントロールし，改善することができるようにする
過程」と修正し，Health for All を実現するため次の 4 つの公約を掲げた。

　①　ヘルスプロモーションをグローバルな開発協議事項の中心に置こう。
　②　ヘルスプロモーションをすべての政府の中心的な責任にしよう。

─ コラム　健康寿命 ─

　　平均余命は死亡率からのみ計算され，生か死かを区別するだけで生存の質は考慮されていない。これに対して，健康寿命は何らかの形で生存の質を考慮しようとするものである。現在利用可能な健康寿命指標例は「障害のない平均余命」や質調整生存年数（QALY：Quality Adjusted Life Years）がある。それらは個人がどの程度，障害・疾病・慢性疾患なしに生きてゆけるかということに焦点を当てている。

　　厚生労働省によると，2016年の健康寿命は男72.1年，女74.8年で，平均寿命（男81.0年，女87.1年）との差は男9年，女12年であった。個人の健康状態の差はライフスタイルや環境などの違いに起因するが，保健医療制度を含む社会・経済的要因も大きな影響を与えている。どの社会でも，社会階層が低くなるほど平均寿命は短くなり，疾病の発症リスクが上昇する傾向がみられる。これは，①少ない資産，②教育程度の低さ，③不安定な仕事，④貧しい住環境などによる社会的経済的ストレスの多い状況での生活が影響している。慢性的なストレスはさまざまな病気のリスクを高めるため，仕事のストレスが大きい人の健康度は悪くなる傾向がある。反対に，仕事上のコントロール度（自由度や裁量権）がある人ほど健康状態が良好である傾向がみられる。学歴や所得が高い人ほど栄養バランスが良く，運動習慣などの健康に良い行動をとる傾向があり，社会階層が低い人ほど栄養の摂取状態が悪く，喫煙率が高く，運動習慣が少ないなど，健康に悪い生活習慣が多い。そして，所得格差が大きい地域では死亡率が高く，平均寿命と健康寿命の差も大きい傾向がある。「貧困家庭の肥満児」や「非正規の糖尿病」は健康格差と所得格差が密接に関連していることを示している。

　　健康寿命（日常生活に制限のない期間の平均）の算定は，国民生活基礎調査と生命表をもとにサリバン法を用いて次のように行われている。まず，国民生活基礎調査における質問の「あなたは現在，健康上の問題で日常生活に何か影響がありますか」に対する「ない」の回答を日常生活に制限なしと定め，性・年齢（x）別の日常生活に制限のない者の割合を計算する。次に，性・年齢別に生命表の定常人口に日常生活に制限のない者の割合を乗じて日常生活に制限のない定常人口 Lx を求める。最後に，Lx の x 歳以上の合計を x 歳で日常生活に制限のない人数で除すことにより性・年齢別に健康余命が計算され，0歳の健康余命が健康寿命となる（年齢別は実際には年齢階級別に計算される）。

③　ヘルスプロモーションをコミュニティと市民社会の主要な焦点にしよう。

④　ヘルスプロモーションを適切な企業経営の必須条件にしよう。

日本では戦後，1947年に保健所法が制定されて，人口10万人に 1 カ所を目標とする保健所網の整備が促進され，日本の公衆衛生活動は一気に活性化されることとなった。国立公衆衛生院（現・国立保健医療科学院）は1938年にアメリカのロックフェラー財団の寄付により設置され，日本の公衆衛生発展の指導的な役割を担ってきた。

戦後の高度経済成長とともに日本人の生活水準は大幅に向上し，日本人の平均寿命は1980年代には主要国の中で男女とも世界一となった。近年では平均寿命に代わり，地域の保健医療福祉の評価指標として「健康寿命」（健康で自立して暮らすことができる期間）が注目されている。現在利用可能な健康寿命指標例は，障害のない平均余命や，質調整生存年数（QALY: quality adjusted life years）などがある。

生存の質への関心とともに，少子高齢化，疾病構造の変化，住民ニーズの多様化，医療・介護費の増加などに対応し，サービスの受け手である生活者の立場を重視した地域保健の新たな体系を構築する必要性が高まり，1994年に地域保健法が制定された。これによって市町村保健センターが法制化され，その機能は強化された。

2　衛生行政の実施体制

日本の衛生行政は国（厚生労働省）―都道府県（衛生主管部局）―保健所―市町村（衛生主管課係，保健センター）という体系で実施されている。行政規模により保健所や市町村保健センターの位置づけ・機能・業務などが異なる。

保健所は対人保健サービスのうち，広域的に行うべきサービス，専門的技術を要するサービスおよび多種の保健医療職種によるチームワークを要するサービス並びに対物保健等を実施する第一線の総合的な保健衛生行政機関である。

図1-1　保健所の活動

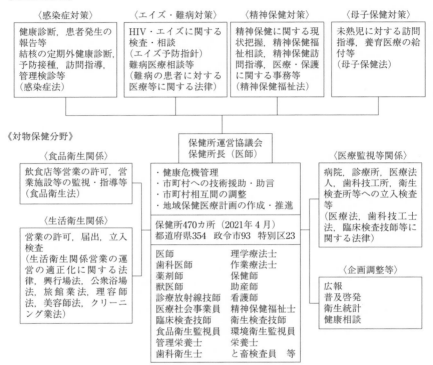

*これら業務の他に，保健所においては，薬局の開設の許可等（薬事法），狂犬病まん延防止のための犬の拘留等（狂犬病予防法），あんま・マッサージ業等の施術所開設届の受理等（あん摩マッサージ指圧師等に関する法律）の業務を行っている。

出所：『厚生労働白書 令和3年版』資料編。

対人保健分野では感染症等対策，エイズ・難病対策，精神保健対策，母子保健対策を行っている（図1-1）。対物保健分野では飲食店等営業の許可，営業施設等の監視・指導等，生活衛生関係の営業の許可・届出の受理・立入検査，病院・診療所・医療法人・歯科技工所・衛生検査所等への立入検査等，を行っている。また，保健所は市町村が行う保健サービスに対し必要な技術援助を行う。

　1994年に制定された地域保健法において保健所に関する規定が整備され，感染症対策のウエイトの低下や市町村への権限移譲などにより保健所の統廃合が

進められた結果，1994年には848カ所あったが，2021年４月現在の全国の保健所数は470で，その内訳は都道府県立354，政令市立93（20政令指定都市に26，62中核市に62，その他政令市に５），特別区立23である。

　保健所には，医師，保健師，歯科医師，薬剤師，獣医師，診療放射線技師，臨床検査技師，管理栄養士など，その業務を行うために必要な職員を置くこととされている。保健所長は医師であって，①３年以上公衆衛生の実務に従事した経験がある者であるか，②国立保健医療科学院の養成訓練課程を修了した者であるか，③その有する技術または経験が前二者に匹敵する者でなくてはならないとされている。

　従来，保健所が公衆衛生活動を担う最先端の機関として重要な役割を果たしていたが，多様化・高度化しつつある対人保健分野における保健需要に対応するため，厚生省（旧）は1978年度から市町村保健センターの整備を推進しており，その数は2021年４月現在で2,457カ所となっている（表１-１）。市町村保健センターは，健康相談，保健指導および健康診査その他地域保健に関し必要な事業を行うことを目的とする施設である。市町村保健センターは地域住民に対して各種保健サービスを提供するための「拠点施設」と位置づけられている。しかし，設置が義務でないためセンター長（施設長）を含めて職員の資格や専門性に関する法令上の規定はなく，施設長に対して直接権限を与えている法律もない。つまり，市町村保健センターの運営は各市町村の裁量に任されており，その実態は非常に多様である。

　「地域保健対策の推進に関する基本的な指針」（2015年３月 厚生労働省告示第185号）には，「地域保健対策を推進するための中核としての保健所，市町村保健センター等及び地方衛生研究所を相互に機能させ，地域の特性を考慮しながら，医療，介護，福祉等の関連施策と有機的に連携した上で，科学的な根拠に基づき効果的・効率的に地域保健対策を推進するとともに，地域に根ざした信頼や社会規範，ネットワークといった社会関係資本等（ソーシャルキャピタル）を活用した住民との協働により，地域保健基盤を構築し，地域住民の健康の保持及び増進並びに地域住民が安心して暮らせる地域社会の実現を目指した地域

表1-1　都道府県別保健所数・市町村保健センター数

（2021年4月1日現在）

	保健所				市町村保健センター		保健所				市町村保健センター
	都道府県	政令市	特別区	合計			都道府県	政令市	特別区	合計	
北海道	26	4		30	160	滋　賀	6	1		7	31
青　森	6	2		8	33	京　都	7	1		8	52
岩　手	9	1		10	53	大　阪	9	9		18	78
宮　城	7	1		8	70	兵　庫	12	5		17	69
秋　田	8	1		9	32	奈　良	4	1		5	43
山　形	4	1		5	31	和歌山	7	1		8	38
福　島	6	3		9	69	鳥　取	2	1		3	25
茨　城	9	1		10	69	島　根	7	1		8	36
栃　木	5	1		6	39	岡　山	5	2		7	64
群　馬	10	2		12	52	広　島	4	3		7	55
埼　玉	13	4		17	87	山　口	7	1		8	45
千　葉	13	3		16	69	徳　島	6	0		6	17
東　京	6	2	23	31	109	香　川	4	1		5	34
神奈川	4	6		10	32	愛　媛	6	1		7	51
新　潟	12	1		13	87	高　知	5	1		6	36
富　山	4	1		5	23	福　岡	9	9		18	54
石　川	4	1		5	21	佐　賀	5	0		5	34
福　井	6	1		7	23	長　崎	8	2		10	36
山　梨	4	1		5	33	熊　本	10	1		11	54
長　野	10	2		12	105	大　分	6	1		7	40
岐　阜	7	1		8	83	宮　崎	8	1		9	31
静　岡	7	3		10	53	鹿児島	13	1		14	68
愛　知	11	4		15	67	沖　縄	5	1		6	25
三　重	8	1		9	41	合　計	354	93	23	470	2,457

出所：厚生労働省健康局健康課地域保健室調べ。

保健対策を総合的に推進することが必要である」と述べられている。

　以下，第3節（公衆衛生）で国全体の保健衛生活動，第4節（地域保健）で地域に重点をおいた保健衛生活動について述べる。

第3節　公衆衛生

　本節では公衆衛生分野の主な動向として感染症対策，疾病対策，健康づくり対策を取り上げ，その概要を述べる。

1　感染症対策

（1）感染症対策のあゆみ

　日本の結核対策は1889年の結核療養所設立から始まった。1919年に旧結核予防法が施行されて，戦前・戦中の結核予防の基本となった。1951年には結核予防法が制定されて，結核医療費の公費負担制度が確立した。

　伝染病予防法は1897年に施行され，1999年の感染症法施行にともなって廃止されるまで運用された。対象はコレラ，赤痢，腸チフス，パラチフス，痘そう[1]，発疹チフス，猩紅熱，ジフテリア，流行性脳脊髄膜炎，ペストの10疾患であった。

　1951年から半世紀以上にわたって日本の結核対策の基本法であった結核予防法が成立した頃，結核はまん延していた。1950年には結核は日本の死因第 1 位で，年間に12.2万人が死亡していた。しかし，1975年には結核の罹患率は0.1％を下回り，その後も順調に低下して2010年代には0.02％を下回っている。2019年の新登録患者数は1.5万人で，年間死亡数は2,000人程（人口10万人当たり1.7人）であった。ただし，日本の結核罹患率はアメリカの 3 倍，ドイツの 2 倍とまだ高い。

　日本では感染症は克服されたかにみえていたが，近年「新興・再興感染症」と総称されるものが出現した。その主なものはウイルス性出血熱（エボラ出血熱，ラッサ熱等），SARS（重症急性呼吸器症候群），腸管出血性大腸炎 O157，高病原性鳥インフルエンザ，クリプトスポリジウム症，レジオネラ症，薬剤耐性病原菌（メチシリン耐性黄色ブドウ球菌＝MRSA，バンコマイシン耐性腸球菌＝VRE，多剤耐性結核，等），などである（表 1 - 2 ）。これらは熱帯雨林の開発，生活様式の変容，抗生物質の多使用，などに起因している。

　新しい感染症対策として1999年に「感染症の予防及び感染症の患者に対する医療に関する法律（感染症法）」が施行された。これによって伝染病予防法は廃止され，性病予防法（1948年）とエイズ予防法（1989年）も感染症法に統合された。感染症法では集団予防から個人予防への転換，事後対応型から事前対応型行政への転換，感染力や症状の重篤性による感染症の区分（一類～五類），など

表1-2　主な新興・再興感染症

感染症名	背　景
ウィルス性出血熱： 　エボラ出血熱，ラッサ熱，等	熱帯雨林の開発に起因すると考えられている。
SARS（重症急性呼吸症候群）	2002年，中国・広東省で発生したコロナウィルス感染症。医療従事者や通院患者への感染が問題となった。
腸管出血性大腸菌 O157	腸管内で「ベロ毒素」を放出し，出血性の下痢を起こす。
高病原性鳥インフルエンザ	重篤な鳥インフルエンザで，ヒトにも感染する可能性がある。
クリプトスポリジウム症	水道水の汚染で集団発生を起こす。
レジオネラ症	循環式浴槽内で繁殖して集団発生を起こす。
薬剤耐性病原菌：メチシリン耐性黄色ブドウ球菌（MRSA），バンコマイシン耐性腸球菌（VRE），多剤耐性結核，等	抗生物質などの乱用に起因した薬剤耐性菌の増大による。

出所：藤内修二ほか（2010）『保健医療福祉行政論』（標準保健師講座別巻1）医学書院，32頁。

が行われた[(2)]。2006年の感染症法改正（2007年施行）では結核予防法（1951年）を統合し，「人権尊重」や「最小限度の措置の原則」を明記するなどの改正が行われた。また，南米出血熱が一類に，結核が二類に追加され，重症急性呼吸器症候群（SARS）が一類から二類に変更された。2008年の感染症法改正では，2006年6月より指定感染症であった鳥インフルエンザ（H5N1）が二類感染症に変更され，感染症の区分に「新型インフルエンザ等感染症」が追加された。2014年の感染症法改正では，2016年4月から二類感染症に鳥インフルエンザ（H7N9）および中東呼吸器症候群（MERS）が追加された。

（2）予防接種

　予防接種法は，種痘・BCG などの予防接種を国が市町村長等に実施させるための法律として1948年に制定された。義務接種から勧奨接種への流れをうけて，健康被害救済措置の充実や個別接種の推進を内容とする改正が1994年に行われた。予防接種法は2001年にも改正され，集団予防に比重を置く一類疾病（ジフテリア，百日せき，破傷風，ポリオ，麻しん，風しん，日本脳炎，結核）と個人予防に比重を置く二類疾病（インフルエンザ）に区分された。　2013年の改正では，予防接種の総合的な推進を図るための基本計画が策定され，医療機関から

厚生労働大臣への副反応報告を義務化し，予防接種施策に関して専門的な観点から評価・検討する組織が設置された。また，これまでの「一類疾病」は「A類疾病」，「二類疾病」は「B類疾病」と呼称も変更され，定期接種の対象疾病としてA類疾病にヒブ（Hib）感染症，小児の肺炎球菌感染症，ヒトパピローマウイルス感染症が追加された。

　2016年にはB型肝炎がA類疾病に追加され，今日ではA類疾病はジフテリア，百日せき，急性灰白髄炎（ポリオ），麻しん（はしか），風しん，日本脳炎，破傷風，結核，Hib感染症，小児の肺炎球菌感染症，水痘，B型肝炎，ヒトパピローマウイルス感染症（子宮頸がん予防），ロタウイルス感染症（2020年10月から定期接種），B類疾病はインフルエンザ，高齢者の肺炎球菌感染症，となっている。

　風疹は風疹ウイルスによる急性熱性発疹性疾患で，日本では感染症法に基づく届出の対象となっている。かつて5〜9年ごとに大流行があり，2005年以降は急速に患者が減少していたが，2012〜2013年に都市部を中心に流行した。伝染力は水痘，麻疹より弱いが，妊娠初期に妊婦が感染した場合の先天性風疹症候群が大きな問題となる。効果的な治療法は無く，ワクチンによる予防が最も重要である。子宮頸がん予防ワクチンについては，接種部位以外の体の広い範囲で持続する疼痛の副反応症例が報告され，2016年に積極的な接種勧奨を一時的に差し控えることとされた。

（3）HIV・エイズ対策

　後天性免疫不全症候群（エイズ）は1981年にアメリカで初めて報告された。ヒト免疫不全ウイルス（HIV）に感染後，無症候性キャリアの状態で何年か経過した後，エイズ関連症候群の状態を経て，免疫不全の状態が進んでカリニ肺炎，重症のカンジダ症，カポジ肉腫などの特徴的な疾患が発症するとエイズと診断される。HIV感染はHIV感染者との性行為，血液・血液製剤，母子感染の3つが主な感染経路であるが，新規のHIV感染者はそのほとんどが性的接触による。

　日本のエイズ対策は，1987年に「エイズ問題総合対策大綱」が策定され本格

化した。1989年に「後天性免疫不全症候群の予防に関する法律（エイズ予防法）」が制定され，人権に配慮しつつ，エイズのまん延防止を図ることとされた。1999年にエイズ予防法は感染症法に統合され，エイズ予防指針が策定された。エイズが「不治の特定な病」から「コントロール可能な一般的な病」へと疾病概念が変化したことを踏まえて，エイズ予防指針は2018年1月から3度目の改正が施行され，人権を尊重しつつ，普及啓発及び教育，検査・相談体制の充実，医療の提供などの施策が行われている。HIV検査は保健所において無料で受けられることになっている。2020年4月現在，全国に378カ所のエイズ治療拠点病院がある。

　厚生労働省エイズ動向委員会報告によると，日本の2020年の新規HIV感染者は740人，エイズ患者は336人で，2020年12月27日現在，日本のHIV感染者は2万2,479人，エイズ患者は9,982人である。国連合同エイズ計画（UNAIDS）によると2020年末現在の世界のHIV感染者・エイズ患者は3,770万人と推計されている。2020年の新規HIV感染者数は150万人，エイズによる死亡者数は年に68万人となっている。WHOは毎年12月1日を世界エイズデーと定め，エイズに関する啓発活動を行っている。

（4）新型インフルエンザ

　新型インフルエンザは季節性インフルエンザと抗原性が大きく異なるインフルエンザで，一般に国民が免疫を獲得していないことから，全国的かつ急速なまん延により国民の生命および健康に重大な影響を与えるおそれがあると認められるものをいう。コロナウイルスに感染することで発症する「重症急性呼吸器症候群（SARS）」は2002年11月に中国で生じた発症例を発端とし，2003年7月末までに世界で774人が死亡した。2006年には鳥インフルエンザ（H5N1）がアジアで発生し，ヨーロッパやアフリカに感染拡大して200人を超える死亡者がでた。2008年5月には感染症法が改正され，鳥インフルエンザ（H5N1）が二類感染症に追加されるとともに，新型インフルエンザの発生に備え，新たに「新型インフルエンザ等感染症」という分類が創設された。

　2009年にはブタ由来の新型インフルエンザ（H1N1）がメキシコで発生し，

その後世界的に感染が拡大したため WHO はパンデミック宣言を行った。WHO によると，2011年 3 月までの死亡者数は世界で316人であった。2013年には中国で鳥インフルエンザ（H7N9）が発生し，新型インフルエンザ等に対する対策の強化，国民の生命および健康の保護，国民の生活および経済に及ぼす影響が最小となるようにすることを目的とした新型インフルエンザ等対策特別措置法が2013年 4 月に施行された。

（5）新型コロナウイルス感染症

　中国の武漢市で最初の患者が発生したのは2019年12月 8 日（原因が新型コロナウイルスと特定されたのは2020年 1 月 7 日）であった。2020年 1 月23日には武漢市が封鎖され，WHO は 3 月11日にパンデミック宣言を出した。 2 月末には中国は収束に向かい， 3 月に入るとヨーロッパが感染拡大の中心地となり，その後世界中に拡大した。

　2020年 2 月に日本政府は新型コロナウイルスによる肺炎などの病気を感染症法の「指定感染症」と検疫法上の「検疫感染症」とするための政令を施行し，感染拡大を防ぐために患者を強制的に入院させたり，就業を制限したりできるようになった。2020年 3 月には新型インフルエンザ等対策特別措置法を新型コロナウイルス感染症に適用する改正が行われた。緊急事態宣言などはこの法律に基づいて実施されている。

　ジョンズ・ホプキンス大学のまとめによると，世界の累計患者数は2021年 8 月 4 日に 2 億人を超え，世界人口の2.6％が感染した[3]。アメリカが最も多く，次いでインド・ブラジル・ロシアと続く。累計死亡者数は424万人を超えている。2020年春の第 1 波ではアメリカやイタリアなど欧米を中心に感染が拡大した。夏の第 2 波では南米やインドが感染の中心になり，冬の第 3 波では再びアメリカが感染のホットスポットになった。2021年春からの感染第 4 波ではイギリス型（アルファー型）変異ウイルスが主流となったが，2021年 5 月以降はより感染力の強いインド型（デルタ型）変異ウイルスが主流となり感染第 5 波に入っている。

2 疾病対策

（1）がん対策

がんは1981年から日本人の死亡原因の第１位となり，現在に至っている。政府は1984年度から「対がん10か年総合戦略」を，1994年度から「がん克服新10か年戦略」を策定して，がん対策に取り組んできた。しかしながら，依然として乳がんと前立腺がんの死亡率・罹患率は上昇傾向にあり，高齢者人口の増加により多くの部位のがん死亡数・罹患数は増加傾向にある。

2003年には第３次対がん10か年総合戦略が策定され，2004年度からがん研究の推進，がん予防の推進，がん医療の向上とそれを支える社会環境の整備，を柱とした総合的な対策が進められている。2005年には「第３次対がん10か年総合戦略」の推進を加速するため，がん対策推進アクションプラン2005が策定された。

2006年にはがん対策基本法が制定され，2007年度から施行されている。この法律に基づき，国はがん対策推進協議会の意見を聞いた上でがん対策推進基本計画を策定し，それを基に都道府県はがん医療の提供の状況を踏まえて都道府県がん対策推進計画を策定することとされている。がん対策基本法ではがん患者の意向を尊重したがん医療の提供体制の整備をがん対策の基本理念とし，がんの予防と早期発見の推進，がん医療の均てん化，研究の推進について体系的に述べている。これを受けてがん対策推進基本計画が策定されている。第１期（2007〜2011年度）の基本計画では，がんによる死亡者の減少（75歳未満の年齢調整死亡率の20％減少）とすべてのがん患者・家族の苦痛の軽減および療養生活の質の向上を目標として掲げ，「がん診療連携拠点病院」の整備，緩和ケア提供体制の強化及び地域がん登録の充実が図られた。第２期（2012〜2016年度）の基本計画では，小児がん，がん教育及びがん患者の就労を含めた社会的な問題等についても取り組むこととされ，死亡率の低下や５年相対生存率が向上するなど，一定の成果が得られた。2016年のがん対策基本法の一部改正を踏まえて，第３期（2017〜2022年度）の基本計画では「がん患者を含めた国民ががんを知り，がんの克服を目指す」ことを目標に掲げ，全体目標として①科学的根拠に基づ

くがん予防・がん検診の充実，②患者本位のがん医療の実現，③尊厳を持って安心して暮らせる社会の構築，の3つを設定した。

2013年12月に「がん登録推進法」が成立し，2016年1月から施行されている。がんと診断されたすべての人のデータを国立がん研究センターに設置されている「全国がん登録データベース」に登録してがん対策に活用する。2016年12月にはがん対策基本法が一部改正され，がん患者の就労促進やがんに関する教育の推進が盛り込まれた。

（2）難病対策

1972年に「難病対策要綱」が定められて，日本の難病対策が始まった。難病対策要綱では難病として行政対象とする疾病の範囲を，①原因不明，治療法未確立であり，かつ，後遺症を残すおそれが少なくない疾病，②経過が慢性にわたり，単に経済的な問題のみならず，介護等に著しく人手を要するために家族の負担が重く，精神的にも負担の大きい疾病，の2項目に整理した。難病に対する対策の進め方としては，①調査研究の推進，②医療施設の整備，③医療費の自己負担の解消，の3つが挙げられ，当初の調査研究の対象としては，スモン，ベーチェット病，重症筋無力症，全身性エリテマトーデス，サルコイドーシス，再生不良性貧血，多発性硬化症，難治性肝炎が選ばれた。

疾患概念の確立や治療法の開発などの難病研究は難治性疾患克服研究事業（2012年度現在，130疾患）で推進され，研究対象とする病気の数は徐々に増加していった。難病の医療の確立・普及と患者の医療費の負担軽減を図ることを目的に「特定疾患治療研究事業」が1972年から都道府県によって実施され，その治療費が公費から支出されている（2012年度現在，56疾患）。その後，1994年の地域保健法の制定で，保健所は難病患者の保健指導の実施主体となった。また，1993年の障害者基本法の制定をうけて，難病患者も同法の障害者の範囲に含まれることになった。その結果，1998年より重症難病患者を除き，難病患者に対しても一部自己負担が導入されるようになった。

2014年度から難病研究は難治性疾患政策研究事業（診断基準や診療ガイドラインの作成・改訂の研究）と難治性疾患実用化研究事業（病因・病態の解明，医薬

品・医療機器の開発などの研究）によって実施されている。難病に悩む患者とその家族からは医療費助成の対象疾患のさらなる拡大と見直しを求める声があがっていた状況を克服するため，2014年 5 月に「難病の患者に対する医療等に関する法律」が成立した（2015年 1 月施行）。これによって，難病の患者に対する医療費助成の費用は国と都道府県で半分ずつ負担することになった。この法律で医療費助成の対象とする疾患は新たに指定難病と呼ばれることとなった。難病は，①発病の機構が明らかでなく，②治療方法が確立していない，③希少な疾患であって，④長期の療養を必要とするもの，という 4 つの条件を必要としているが，指定難病にはさらに，⑤患者数が日本において一定の人数（人口の約0.1％程度）に達しないこと，⑥客観的な診断基準（またはそれに準ずるもの）が成立していること，という 2 条件が加わる。指定難病には333疾病が対象となり，予算額は1,084億円である（2019年度）。

3　健康づくり対策

（1）国民健康づくり

　1970年から保健所で保健栄養学級が開催され，日常生活の中で正しい栄養・運動・休養の取り方について指導が行われた。1978年からは第 1 次国民健康づくり対策が開始され，市町村における健康づくりの基盤整備などが進められた（表 1 - 3）。1988年からは第 2 次国民健康づくり対策（アクティブ80ヘルスプラン）に引き継がれ，生活習慣の改善による疾病予防・健康増進の考え方に発展した（成人病は生活習慣病に改名）。2000年には第 3 次国民健康づくり対策（21世紀における国民健康づくり運動＝健康日本21）が策定された。

　2002年には栄養改善法の内容を引き継ぎ，栄養改善のほかに運動・飲酒・喫煙などの生活習慣の改善による健康増進の考え方に基づく健康増進法が制定された（2003年施行）。2004年には国民の健康寿命を伸ばすことを基本目標とし，生活習慣病予防と介護予防を目指した健康フロンティア戦略（2005年からの10か年戦略）が策定された。この戦略では，がんの 5 年生存率を20％改善，心疾患死亡率を25％改善，脳卒中死亡率を25％改善，糖尿病発生率を20％改善，要支

表1-3　健康づくり対策の変遷

	施策の概要
第1次国民健康づくり対策 （1978年〜1988年度）	①生涯を通じる健康づくりの推進 ・乳幼児から老人に至るまでの健康診査・保健指導体制の確立 ②健康づくりの基盤整備等 ・健康増進センター，市町村保健センター等の整備 ・保健婦，栄養士等のマンパワーの確保 ③健康づくりの啓発・普及 ・市町村健康づくり推進協議会の設置 ・栄養所要量の普及 ・加工食品の栄養成分表示 ・健康づくりに関する研究の実施
第2次国民健康づくり対策 （1988年度〜1999年度） アクティブ80ヘルスプラン	①生涯を通じる健康づくりの推進 ②健康づくりの基盤整備等 ・健康科学センター，市町村保健センター，健康増進施設等の整備 ・健康運動指導者，管理栄養士，保健婦等のマンパワーの確保 ③健康づくりの啓発・普及 ・運動所要量の普及 ・健康増進施設認定制度の普及 ・たばこ行動計画の普及，など
第3次国民健康づくり対策 （2000年度〜2012年度） 21世紀における国民健康づくり運動（健康日本21）	①健康づくりの国民運動化 ・効果的なプログラムやツールの普及啓発，定期的な見直し ・運動習慣の定着，食生活の改善等に向けた普及啓発の徹底 ②効果的な健診・保健指導の実施 ・医療保険者による40歳以上の被保険者・被扶養者に対するメタボリックシンドロームに着目した健診・保健指導の着実な実施（2008年度より） ③産業界との連携 ④人材育成（医療関係者の資質向上） ⑤エビデンスに基づいた施策の展開 ・アウトカム評価を可能とするデータの把握手法の見直し
第4次国民健康づくり対策 （2013年度〜） 21世紀における国民健康づくり運動（健康日本21（第2次））	①健康寿命の延伸と健康格差の縮小 ・生活習慣病予防対策の総合的な推進 ②生活習慣病の発症予防と重症化予防の徹底 　（NCD（非感染性疾患）の予防） ③社会生活を営むために必要な機能の維持及び向上 ・こころの健康，次世代の健康，高齢者の健康を推進 ④健康を支え，守るための社会環境の整備 ⑤栄養・食生活，身体活動・運動，休養，飲酒，喫煙，歯・口腔の健康に関する生活習慣の改善及び社会環境の改善

出所：『厚生労働白書　令和3年版』。

援・要介護1の要介護2以上への移行を10％防止，要支援・要介護の発生率を20％改善，という数値目標を設定し，その達成により健康寿命を2年程度伸ばすことを目指している。2007年にはこの戦略をさらに発展させた「新健康フロンティア戦略——健康国家への挑戦」（2007年度からの10か年戦略）が策定され，新健康フロンティア戦略アクションプランがとりまとめられた。この戦略は国民の健康寿命（健康に生きられる人生の長さ）を伸ばすことを目標とする政府の10か年戦略で，家庭・地域の子育て支援や，子どもの健康対策，食育の推進，運動・スポーツの振興，研究開発の推進なども盛り込まれ，政府全体で国民一人ひとりの健康づくりを促すような国民運動を展開していくこととしている。

（2）健康日本21

　健康日本21の基本理念は，21世紀の日本をすべての国民が健やかで心豊かに生活できる活力ある社会とするため，壮年期死亡の減少，健康寿命の延伸および生活の質の向上を実現し，一人ひとりが自己の選択に基づいて健康を増進することであった。一次予防の重視，健康づくり支援のための環境整備，目標の設定と評価，多様な実施主体による連携のとれた効果的な運動の推進，などが特徴としてあげられる。運動の期間は2000年度から2012年度までとし，2010年度から最終評価を行い，その評価を2013年度以降の運動の推進に反映させた。

　健康日本21は2011年3月から9分野の目標の達成状況などの評価作業が行われ，指標の約6割の項目で一定の改善がみられた。一方で，自殺者の減少，メタボリックシンドロームの該当者・予備群の減少，高脂血症の減少などの項目では改善がみられなかった。自治体の取り組み状況の評価では，2002年3月にはすべての都道府県で健康増進計画が策定された。また，市町村については，2017年1月時点で全1,718市町村のうち1,521の市町村（約89％）で健康増進計画が策定された。

　2012年7月に2013〜2022年度に関する「21世紀における第2次国民健康づくり運動＝健康日本21（第2次）」（第4次国民健康づくり対策）が発表された。[4] その基本的な方針は，21世紀の日本において少子高齢化や疾病構造の変化が進む中で，生活習慣及び社会環境の改善を通じて，子どもから高齢者まですべての国

民が共に支え合いながら希望や生きがいを持ち，ライフステージに応じて健やかで心豊かに生活できる活力ある社会を実現し，その結果，社会保障制度が持続可能なものとなるよう，国民の健康の増進の総合的な推進を図ることである。健康日本21（第 2 次）の基本的な方針として，①健康寿命の延伸と健康格差の縮小，②生活習慣病の発症予防と重症化予防の徹底，③社会生活を営むために必要な機能の維持及び向上，④健康を支え，守るための社会環境の整備，⑤栄養・食生活，身体活動・運動，休養，飲酒，喫煙及び歯・口腔の健康に関する生活習慣及び社会環境の改善，の 5 つが提案された。

a ）　健康寿命の延伸と健康格差の縮小

　生活習慣病の予防，社会生活を営むために必要な機能の維持及び向上等により，健康寿命（健康上の問題で日常生活が制限されることなく生活できる期間）の延伸を実現する。また，地域や社会経済状況の違いによる集団間の健康状態の差である健康格差の縮小を目指す。

b ）　生活習慣病の発症予防と重症化予防の徹底

　がん，循環器疾患，糖尿病及び COPD（慢性閉塞性肺疾患）に対処するため，食生活の改善や運動習慣の定着等による一次予防（生活習慣を改善して健康を増進し，生活習慣病の発症を予防すること）に重点を置いた対策を推進するとともに，合併症の発症や症状の進展等の重症化予防に重点を置いた対策を推進する。

c ）　社会生活を営むために必要な機能の維持及び向上

┌─ コラム　WHO たばこ規制枠組条約 ─

　たばこの使用およびたばこの煙に晒されることの広がりを継続的かつ実質的に減少させるため，自国においてあるいは国際的に実施するたばこの規制のための措置についての枠組みを提供することにより，たばこの消費およびたばこの煙に晒されることが健康，社会，環境および経済に及ぼす破壊的な影響から現在および将来の世代を保護することを目的とした条約で，公衆衛生分野で初の国際条約である。2003年 5 月に世界保健機関（WHO）第56回総会において全会一致で採択され，2005年 2 月に発効した。締約国はたばこ消費の削減に向けて，広告・販売への規制，密輸対策が求められる。

国民が自立した日常生活を営むことを目指し，乳幼児期から高齢期までそれぞれのライフステージにおいて心身機能の維持及び向上につながる対策に取り組む。また，子どもの頃から健康な生活習慣づくりに取り組み，働く世代のメンタルヘルス対策等によりライフステージに応じた「こころの健康づくり」に取り組む。

ｄ）　健康を支え，守るための社会環境の整備

　個人の健康は家庭・学校・地域・職場等の社会環境の影響を受けることから，地域・社会の絆や職場の支援等を機能させ，社会全体が相互に支え合いながら国民の健康を守る環境を整備する。

ｅ）　食生活・運動・飲酒・喫煙などに関する生活習慣および社会環境の改善

　国民の健康増進を形成する基本要素となる栄養・食生活，身体活動・運動，休養，飲酒，喫煙及び歯・口腔の健康に関する生活習慣の改善が重要である。そのため，ハイリスク集団への生活習慣の改善に向けた働きかけを重点的に行うとともに，社会環境の改善が国民の健康に影響を及ぼすことも踏まえ，地域や職場等を通じて国民に対し健康増進への働きかけを進める。

（3）健康増進法

　上述のように，健康増進法は2002年に制定され，2003年に施行された。その内容は国民の健康増進の総合的な推進を図るための基本的な方針を定めること，健康診査の実施等に関する指針を定めること，国民健康・栄養調査の実施に関すること，保健指導等の実施に関すること，受動喫煙の防止に関することなどである。

　2018年7月には健康増進法が改正され（2020年4月施行），望まない受動喫煙を防止するための取り組みが強化されている。

（4）健康寿命の延伸

　健康寿命はWHOが2000年に提唱した概念で，平均寿命から日常的・継続的な医療・介護に依存して生きる期間を除いた期間を指す。健康寿命は地域や社会経済状況の違いによる集団間に差があり，健康寿命の格差（健康格差）の縮小が保健医療の大きな課題になっている。日本ではこれまで健康格差はあま

表 1 - 4　保健医療制度の変遷

年		年	
1922	健康保険法	1987	精神衛生法→精神保健法（精神保健指定医制度）
1929	救護法		
1937	保健所法	1989	エイズ予防法→（1999 感染症法に統合）
1938	厚生省設立，国民健康保険法（旧）制定	1993	障害者基本法
1946	新憲法制定	1994	地域保健法
1946	生活保護法（旧）	1999	感染症法
1947	保健所法改正	2000	介護保険法
1948	医療法，予防接種法	2002	健康増進法
1949	身体障害者福祉法	2004	発達障害者支援法
1950	生活保護法，精神衛生法→(1987 精神保健法)	2005	障害者自立支援法，高齢者虐待防止法
1951	結核予防法→（2006 感染症法に統合）	2006	自殺対策基本法
1952	栄養改善法	2007	がん対策基本法，感染症法改正
1958	国民健康保険法	2008	高齢者医療確保法（後期高齢者医療）
1960	精神薄弱者福祉法→(1999 知的障害者福祉法)	2012	障害者総合支援法
1961	皆保険達成	2013	精神保健福祉法改正
1965	母子保健法	2014	医療・介護総合確保推進法，難病の患者に対する医療等に関する法律
1973	老人医療費の無料化		
1983	老人保健法→（2008 高齢者医療確保法）	2018	介護保険法改正（介護医療院の創設，など）
1984	健康保険法の改正（退職者医療制度）	2020	新型インフルエンザ等対策特別措置法改正

注：年は施行年。
出所：厚生労働省資料。

り顕在化していなかったが，近年になって日本にも「健康の社会格差」があり，それが拡大していることが明らかになってきた。健康日本21（第 2 次）では，「あらゆる世代の健やかな暮らしを支える良好な社会環境を構築することにより，健康格差の縮小を実現する」と定められ，社会環境の整備に重点がおかれている。また，平均寿命の増加分を上回る健康寿命の増加を目標に掲げている。

　2016年における日本の健康寿命は男72.1年，女74.8年（同年の平均寿命は男81.0年，女87.1年）であった。2019年には健康寿命延伸プランが策定され，健やかな生活習慣の形成，疾病予防・重症化予防，介護予防・フレイル対策・認知症予防，などの取り組みを通して2040年までに健康寿命を男女とも2016年と比べて 3 年以上伸ばして75年以上とする目標が掲げられた。また，健康寿命の延伸等を図るための脳卒中・心臓病・その他の循環器病に係る対策に関する基本法が2018年12月に成立し，2019年12月に施行された。この法律に基づき政府は循環器病対策推進基本計画を策定することになった。

表1-4は公衆衛生分野の主な法制の変遷を示したものである。

第4節　地域保健

1947年に新しい保健所法が制定され，保健所が健康相談・保健指導のほか，医事・薬事・食品衛生・環境衛生などに関する行政機能を併せもち，公衆衛生の第一線機関として拡充強化された。その後，人口の少子・高齢化，生活習慣病を中心とする疾病構造の変化，地域住民のニーズの多様化など，保健衛生行政を取り巻く環境が著しく変化し，1994年には保健所法が改正されて地域保健法と改められた。その目的は地域保健対策の推進に関する基本指針を定め，地域保健対策が地域において総合的に推進されることを確保して，地域住民の健康の保持および増進に寄与することであり，具体的には，保健センターを全市町村に拡大し，従来保健所と市町村がそれぞれ提供してきた地域保健サービスを一元化し，市町村保健センターが実施するようにした。2014年には，効率的かつ質の高い医療提供体制と地域包括ケアシステムの構築を通じて，地域における医療及び介護の総合的な確保を推進するため医療介護総合確保推進法が制定された。

保健所は地域住民の生活と健康にとって中心的な役割を果たし，難病や精神保健に関する相談，結核・感染症対策など専門性の高い業務，薬事・食品衛生・環境衛生に関する監視指導や行政事務を行っている。保健所は都道府県・指定都市・中核市・その他政令で定める市（小樽，町田，藤沢，茅ヶ崎，四日市，大牟田）または特別区が設置する。市町村保健センターは健康相談，保健指導，健康診査，その他地域保健に関して，地域住民に身近な対人保健サービスを総合的に行う拠点である。

1　母子保健

日本の母子保健は母性の尊重と保護，乳幼児の健康の保持増進及び児童の健全育成を基本理念としている。当初は児童福祉法（1947年）が根拠法であった

が，1965年にそこから分かれて母子保健法が制定されている。1994年には母子保健法が改正され，母子保健事業の実施主体が市町村に一元化された（1997年度より施行）。2000年には21世紀の母子保健の取組みの方向性を示すとともに，それぞれの課題の目標値を設定した「健やか親子21」（健康日本21の母子保健版）が策定された。健やか親子21が取り上げている 4 つの主要課題は，①思春期保健対策の強化と健康教育の推進，②妊娠・出産に関する安全性と快適性の確保と不妊への支援，③小児保健医療水準を維持・向上させるための環境整備，④子どもの心の安らかな発達と育児不安の軽減，である。健やか親子21は当初2001〜2010年を計画期間としていたが，都道府県・市町村の次世代育成行動計画との連携を図るため2014年まで延長された。

　2015年度からは「健やか親子21（第 2 次）」が始まった（〜2024年度）。「健やか親子21」の期間に10代の自殺率と低出生体重児の割合が悪化したことを踏まえ，新たな計画では①切れ目ない妊産婦・乳幼児への保健対策，②学童期・思春期から成人期に向けた保健対策，③子どもの健やかな成長を見守り育む地域づくり，という 3 つの基盤課題を設定し，特に重点的に取り組む必要のある重点課題として「育てにくさを感じる親に寄り添う支援」と「妊娠期からの児童虐待防止対策」を取り上げている。2019年 8 月には中間評価報告書が取りまとめられた。

　妊娠した者は母子保健法の規程により速やかに市町村長（保健所を設置する市は保健所長）に届け出ることになっており，市町村から母子健康手帳が交付される。母子健康手帳は途上国で模倣されるほど，日本の母子保健の向上に役立ったと言われている。市町村は妊婦の健康診査，母親学級，訪問指導，出生届の受理，新生児の訪問指導，乳児健康診査，幼児（1 歳 6 カ月児，3 歳児）健康診査，育児学級，などの母子保健事業を一貫して実施している。低出生体重児（2,500 g 未満）の届出，未熟児の訪問指導，医師が入院養育を必要と認めた養育医療，は2013年 4 月から市町村に権限が委譲された。

2　老人保健

　老人保健法（1982年）は国民の老後における健康の保持と適切な医療の確保を図るため，疾病の予防・治療・機能訓練等の保健事業を総合的に実施し，もって国民保健の向上及び老人福祉の増進を図ることを目的として，それまでの老人対象の保健事業を統括し，老人医療と連携させたものであった。同法によって，6つの保健事業（健康手帳の交付，健康教育，健康相談，健康診査，機能訓練，訪問指導）と老人医療が実施された。保健事業は40歳以上を対象に市町村が実施主体となって実施された。

　老人保健法に基づく保健事業は第1次計画（1982～1986年度），第2次計画（1987～1991年度），第3次計画（1992～1999年度：がん検診は1998年度より一般財源化された），第4次計画（2000～2004年度：重点疾患について地域の実状に応じた具体的目標設定），と順次改定された。2006年度から65歳以上の者に対する健康教育，健康相談，機能訓練，訪問指導は，介護保険法に基づいて市町村が実施する地域支援事業へ移行した。

　2008年度からは，老人保健法を改正した「高齢者の医療の確保に関する法律（高齢者医療法）」が施行されている。同法により保健事業のうち健康診査については，40～74歳に関しては被扶養者を含めメタボリックシンドロームの早期発見と早期介入を目指す特定健康診査・特定保健指導として医療保険者に義務づけられ，75歳以上に関しては後期高齢者医療広域連合に努力義務として課された保健事業の一環として実施されることになった。その結果，従来被用者保険の被扶養者の健診も行っていた市町村は国保加入者のみの健診を実施することになった。ただし，がん検診及びこれまで老人保健事業として実施されてきた歯周疾患検診・骨粗しょう症検診等については，2008年度から健康増進法に基づく事業として市町村が引き続き実施することとされた。

3　精神保健

　1950年に適切な医療，保護の確保，予防を目的に精神衛生法が制定された。この法律によって各都道府県に精神病院（現・精神科病院）の設置が義務づけら

れた。1964年におきたライシャワー事件を契機に1965年に精神衛生法が改正され，保健所が精神保健の第一線機関として位置づけられるとともに，各都道府県に精神衛生センター（現・精神保健福祉センター）が設置されることになった。精神衛生法改正後，精神病床は飛躍的に増え，精神保健は入院治療中心へと傾いていった。

　その後，社会復帰体制や地域施設の整備はそれほど進まず，入院患者数の減少には至らなかった。患者の人権を侵害する事件を契機に人権擁護や適切な医療が求められるようになり，1987年に精神衛生法は精神保健法に改名され，任意入院制度に改められた。1993年の精神保健法改正では，社会復帰の促進やグループホームの法定化が図られた。また，1993年に制定された障害者基本法で障害者の定義に従来の身体障害者・知的障害者とともに精神障害者が追加された。

　1995年に精神保健法は「精神保健及び精神障害者福祉に関する法律（以下，精神保健福祉法)」に改定され，精神障害者の社会参加が法の目的として明記され，精神障害者保健福祉手帳制度（手帳交付台帳登載数は2019年度末で113.5万人）が導入された。1997年には，社会復帰を推進するための人材を養成・確保する目的から精神保健福祉士法が制定された。これは精神科ソーシャルワーカー（PSW）という名称で1950年代より精神科医療機関を中心に医療チームの一員として導入された専門職を，精神保健福祉士という名称の国家資格と定めたもので，登録者数は2021年6月現在で9.5万人である。1999年の精神保健福祉法

── コラム　ライシャワー事件 ──

　1961年4月，ライシャワー氏はアメリカのケネディ大統領の要請により，アメリカの駐日大使として東京に赴任し，「日本生まれのアメリカ大使」として日本人の妻とともに「日米パートナーシップ」を演出し，日本国民から人気を博した。1964年3月，大使館入り口で統合失調症患者にナイフで刺され重傷を負うとともに，この時に受けた輸血が原因で肝炎に罹った。この事件は「ライシャワー事件」と呼ばれ，精神疾患の者の入院治療を促進する精神衛生法改正や輸血用血液の売血廃止など，日本の医療制度に大きな影響を与えた。

改正では精神障害者地域生活支援センター（2002年より施行）の設置が規定され，障害者自立支援法に移行後は地域活動支援センターという名称で全国に設置されている。

2010年の障害者自立支援法改正で発達障害者が障害者の範囲に含まれることが法律上明示され，発達障害者支援法が2005年から施行されている。

2013年の精神保健福祉法改正では，保護者制度が廃止され，医療保護入院の要件を精神保健指定医1名の診断と家族等のいずれかの者の同意に変更し，また，病院の管理者に退院後生活環境相談員の設置等の義務が新たに課されることとなった（2014年4月施行）。

近年では高次脳機能障害に対する支援も含まれるようになった。また，アルコール依存症，薬物依存，ギャンブル依存症，などの依存症対策総合支援事業も実施されている。

4　歯科保健

第1回歯科疾患実態調査が1957年に実施され，以後6年ごとに実施されている。歯科保健はむし歯予防を中心とした母子歯科保健活動が活発に行われてきたが，1980年代以降は成人と高齢者に対する歯科保健対策が実施されるようになった。1989年には80歳で20本以上の歯を保つことを目的とした8020運動が提唱された。1995年には老人保健法における総合健康診査に歯周疾患検診が取り入れられた。近年では国民の歯科保健に対する関心が高まり（長寿は歯と口の健康から），2009年には一口30回以上噛むことを目標とした「噛ミング30」が8020運動を推進させることを期待する報告書が作成された。2011年には歯科口腔保健の推進に関する施策の基本理念を定めた歯科口腔保健法が制定された。

高齢者の活動レベルと歯の健康との間に強い相関があることや，高齢者の口腔内の清潔さは嚥下障害を防ぐためにも非常に重要であることが知られるようになってきた。2017年には歯科医療機関（病院歯科，歯科診療所，など）の役割分担，具体的な医科歯科連携方策や歯科疾患予防策，などを提言した歯科保健医療ビジョンが示された。

5　自殺対策

　自殺は家族にとっての損失のみならず，社会にとっても大きな損失をもたら
す重要な課題となっている。日本の年間自殺者数は1998年に初めて３万人を超
え，その後も３万人台で推移していた。2006年に自殺対策基本法が制定され，
国・地方自治体の施策が強化された。2007年には政府が推進すべき自殺対策の
指針として自殺総合対策大綱が策定され，2016年までに2005年の自殺死亡率
（人口10万人対24.2人）を20％以上減少させる目標が掲げられた。2012年８月に
は大綱が改定されて，「誰も自殺に追い込まれることのない社会を目指す」こ
とが明記され，精神科医療体制の充実，若者対策や自殺未遂者支援が重視され
るようになった。

　2016年４月には改正自殺対策基本法が施行され，内閣府が取り組んでいた事
業が厚生労働省に移管され，都道府県が策定していた自殺対策計画が市町村に
も義務づけられた。新たに全都道府県と政令指定都市に「地域自殺対策推進セ
ンター」を置き，この地域の取り組みを，国立精神・神経医療研究センターを
拠点として新たに作られた「自殺総合対策推進センター」が，専門家の視点か
ら研究の推進や技術的なアドバイスをして支援する体制となった。2017年７月
には大綱が見直され（第３次大綱），自殺死亡率を先進諸国の現在の水準まで減
少させることを目指し，2026年までに2015年比30％以上減少させることを目標
とした。2019年６月には，自殺対策を支える調査研究及びその成果の活用等の
中核を担う調査研究等法人を厚生労働大臣が指定する制度を創設する法律が成
立し，2020年２月に一般社団法人いのち支える自殺対策推進センターが調査研
究等法人に指定され，４月から業務を開始している。

　2019年の自殺者数は２万人で，10年連続で減少していたが，2020年は2.1万
人に上昇した。

6　学校保健

　学校保健は学校における保健教育および保健管理をいう。保健教育は小・
中・高等学校のそれぞれで，学習指導要領に規定された内容・時間で教育され

ている。保健管理には健康診断，健康相談，感染症予防，などが含まれている。

　学校給食は学校給食法（1954年）に基づき，児童生徒の心身の健全な発達に資し，国民の食生活の改善に寄与することを目的として，学校教育活動の一環として実施されている。日本の学校給食の普及率は極めて高く，小学校ではほぼ完全に実施されている。

　障害のある子どもに対しては，障害の種類や程度に応じて特別支援学校や小・中学校の特別支援学級または通級による指導（通常の学級に在籍し，特別な指導を特別な場で行う）が行われている。文部科学省の調査によると，2018年5月時点で義務教育段階の児童生徒980万人のうち7.3万人は特別支援学校に通い，25.7万人は特別支援学級で，12.3万人は通級による指導を受けている。これらを合計すると約45万人で同じ年齢階級にある子ども全体の4.6％に相当する。傷害の種類は言語障害，注意欠陥／多動性障害（ADHD），自閉症，学習障害（LD），など多岐にわたっている。国立特別支援教育総合研究所では特別支援教育に関する国内外の情報収集・提供や基礎・応用研究を行っている。

　医学の進歩を背景として，NICU（新生児集中治療室）等に長期入院した後，引き続き人工呼吸器や胃ろう等を使用し，たんの吸引や経管栄養などの医療的ケアが日常的に必要な児童（医療的ケア児）は全国に約2.0万人いると推計されている。2021年6月に医療的ケア児支援法が成立し，9月から施行された。この法律は日本で初めて国や地方自治体が医療的ケア児の支援を行う責務を負うことを明文化したものである。

　児童生徒の問題行動には「いじめ」「暴力行為」「不登校」「中途退学」「自殺」などがある。文部科学省の調査では「何らかの心理的，情緒的，身体的，あるいは社会的要因・背景により，登校しないあるいはしたくてもできない状況にあるため年間30日以上欠席した者のうち，病気や経済的理由による者を除いたもの」を不登校と定義している。不登校は1980年代から現在に至るまで年々増加してきている。近年では不登校と学習障害（LD），注意欠陥／多動性障害（ADHD）等との関連も指摘され，保護者による子どもの虐待等，登校を困難にするような事例も含まれている。不登校の要因・背景は多様化し，特定

できないことも多く，不登校児の受け入れ施設やカウンセリングなどの態勢づくりとともに，学校・家庭を含む社会全体で不登校に向き合う努力がなされつつある。

注

⑴　痘そうは天然痘ウイルスによる感染症で，一般には天然痘として知られている。天然痘ウイルスは非常に感染力が強く，かつては世界中で多くの死者を出したが，人類は天然痘の撲滅に成功し，WHO は1980年に天然痘根絶宣言を発表した。

⑵　感染症法において感染症は現在，一類感染症，二類感染症，三類感染症，四類感染症，五類感染症，新型インフルエンザ等感染症，指定感染症および新感染症に区分されている。

⑶　最も深刻なパンデミックの一つは1918〜1919年に世界中に広まったスペイン風邪で，世界人口の 3 分の 1 が感染し，少なくとも5,000万人が死亡した。日本でも2,300万人が感染し，38万人が死亡したという報告がある。

⑷　医療費適正化計画，医療計画（地域医療構想），介護保険事業計画が2024年度から開始されるのにあわせ，計画期間は2023年度まで延長された。

参考文献

厚生統計協会編（2020）『国民衛生の動向　2020/2021』厚生統計協会。

総務省（2021）『地方財政白書 2021年版』。

藤内修二ほか（2021）『保健医療福祉行政論 第 5 版』（標準保健師講座別巻 1 ）医学書院。

┌─ 第1章の要点 ───

・乳児死亡率の低さや平均寿命・健康寿命の長さに象徴されるように，日本の保健
　衛生水準は世界でも高い水準にある。
・高い衛生水準となったのは，医師・保健師などの人，保健所などの組織，結核予
　防法や母子保健手帳などの制度，による総合的な力の結集の結果である。
・WHO のヘルスプロモーション（バンコク憲章）が目指しているものは，世界中
　のすべての人があらゆる生活の場で健康を享受できる公正な社会の創造である。
・健康増進やメタボリック症候群の予防のために，今後はますます国民一人ひとり
　の健康意識・習慣が重要になっている。
・健康増進の考え方は，疾病予防から個人の生活習慣の改善を経て，さらに環境整
　備による健康改善へと進化している。
・日本人の平均寿命は世界に冠たるものであるが，なお65歳未満で死亡する確率は
　５％を超え（男10％，女５％），死亡前の何年間かを寝たきりや認知症で過ごす
　者の割合も少なくない。
・精神障害者の地域での生活・社会復帰も今後さらに努力が求められる分野である。

└───

第2章	医療サービス

第1節　医療サービスと財政

1　医療サービスへのアクセスと費用

　日本では，自分が病気かもしれないと考えたときに，保険証を持って自分の選んだ医療機関で大きな負担なく受診できる（これを医療へのアクセスという）が，これはどこの国においてもできるものではない。これができる理由の一つが，日本には医療費を賄うための社会保険制度があって，事前に（自分又は扶養者が）保険料を支払っているから，受診時にはそれほど高額でない一部負担金を払えば，医療機関にはそれに倍する以上の診療報酬が支払われることになっているからである。もう一つは，登録した家庭医（診療所）への診療が義務づけられていないからである。

　このように日本の医療サービスの費用の多くは，国民すべてを対象とする社会保険の方式を取る医療保険によって賄われ，アクセスも自由とされている。保険証は，社会保険である医療保険に入り，事前に保険料を払っている 証^{あかし} である。

　医療の三要素には，アクセスの良さの他に質の良さと費用の安さがあり，その3つを同時に満たすことは難しいとされている。

　医療そのものの費用の賄い方は，社会保険の他に公費負担による医療があり，例えば生活保護法，戦傷病者特別援護法などに基づく公費負担医療がある（第4項で後述）。

　イギリスでは1948年に創設された国民保健サービス（NHS）によって，すべて
の住民に疾病予防やリハビリテーションを含めた包括的な医療サービスが，税を主
な財源として原則無料で提供されている。一般家庭医の紹介がない限り，原則とし
て病院で受診することができない等，患者の選択は日本と比べて大きく制限されて
いるが，患者の権利については患者憲章の制定をはじめ各種の施策が講じられてい
る。NHS の受診待ち期間を回避するために民間医療保険にも入っている人は人口
の10％程で，カバーされる給付の範囲も包括的なものではない。

　フランスでは公的医療保険の自己負担部分をカバーする共済組合方式の補足制度
が発達しており，国民の80％はこうした共済に入っていたが，2000年には低所得者
の患者負担を肩代わりする普遍的医療給付制度（CMU）が成立して，名実ともに
国民皆保険が実現した。

　ドイツでは，公的疾病保険の被保険者とその家族は総人口の約90％を占めている。
公的疾病保険に加入していない者（高所得者）の大部分は民間疾病保険に加入し，
無保険者は総人口の0.2％にすぎない。

　アメリカの公的医療保険は高齢者と障害者を対象とするメディケアと貧困者用医
療制度であるメディケイドだけである。医療保険改革法（オバマ・ケア）の成立
（2010年３月）により，2014年から個人に対し民間医療保険に加入することが原則
義務化され，補助金等が整備されて加入者も増加したが，保険料も上がった。トラ
ンプ政権は加入義務の撤廃を目指したが，共和党からも離反者が出て失敗した。

2　医療保険制度の概要

（1）医療保険

a）　医療保険と民間医療保険

　ここでいう医療保険は，全国民が強制加入とされる社会保険の一つである公
的医療保険であり，社会保険で給付されない部分を補完する任意保険である民
間医療保険のことではない。

　公的医療保険は一部負担金を除く医療費そのものを医療機関に直接支払い，
民間医療保険は医療機関でなく被保険者に支払われるものである。本書では37
頁の（2）以降，公的医療保険についてだけ述べている。

　民間医療保険は，生命保険の一部として販売されている公的医療保険の補完

として位置づけられるものである。例えば，がんと診断されると，①一部負担金の補てん，②医療機関に行くための交通費や差額ベッド代の補充，③先進医療が保険適用されていない場合の補てん，などを行うもので，③の場合を除き，医療費そのものを出す保険ではない。

　そもそも保険とは，同様な危険に遭う可能性のある人たちが事前にお金（保険料）を出し合い，実際に危険に遭った人にそのプールしていたお金（保険金）を給付する仕組みである。例えば多くの船の船乗りたちが船員組合にお金を出し合い，ある船が難破したと時には船員組合からその船の船乗りの遺族にまとまったお金が支払われる，といったものが，その始まりであったとされる。この船乗りたちが被保険者であり，船員組合が保険者，遺族が給付を受ける受給者ということになる。保険の仕組みができる要件は，次の 4 つと言われている。

①　被保険者が制御できない事項であること。
　　例：被保険者の意志によって行える離婚，自殺はだめ（ただし，精神疾患に基づくものは可）。
②　最終的には金銭で穴埋めできること。
　　例：失恋はだめ。
③　保険者がいること。
④　保険事故の確率がある程度わかること。

　そして，保険が成立する一般的な原則として，次の 3 点が挙げられる。

①　大数の法則：多量に観察すると事故の発生する確率が一定値に近づくこと。
②　収支相等の原則：必要な保険給付に見合うだけの保険料の総額が必要。
③　給付・反対給付均等の原則（保険数理的公平の原則）：各人が支払うべき保険料の額は，その人の保険事故発生率に応じ，かつ保険給付額に応じること。

b） 社会保険

　この最後の③の原則は，民間保険には適用されるが社会保険には適用されない。すなわち，社会保険は強制加入であり，低所得者の保険料を軽減する必要があることなどから，保険事故発生率に関わらない保険料とする必要があるため，給付・反対給付均等の原則は該当しない。

　では，なぜそうした強制加入をできるかというと，憲法に反しない内容で，個人の権利を制限したり義務を課すことができる法律によって決められている（法律はもちろん国会議員の多数決で決められるわけであり，国会議員の選挙が国民の意思を表していることになる）からである。具体的には，健康保険法，国民健康保険法等の法律である。なぜそうした法律がつくられたかという実質的理由は，主に次の2つが考えられる。

　　① 病気になりがちの人たちだけが保険に入る逆選択を防ぐ。
　　② 国民皆で病気の人を治癒させようという連帯の精神に基づく。

　さらに，この連帯の精神の背後にある根拠はなんだろうか。以下のようなことが考えられる。

　　① 親せきや友人もそして自分も病気になる可能性があると考えられるため。
　　② 個人の力を超えるお金が必要になっても皆がともに生きるため。
　　③ 同じ社会を構成する他者の苦しみへの共感があるため。
　　④ 皆が元気でいて，皆が自由で多様な生き方ができる社会がよいと考えるため。

　日本の社会保障制度は，こうした社会保険によって多くの費用が賄われており，年金，医療および介護の各社会保険制度に共通して理解しておく必要があるのは次の点である。

図2-1　公的医療保険システム

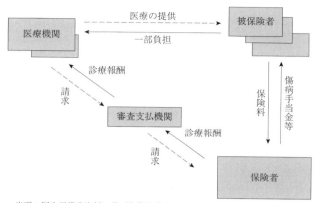

出所：厚生労働省資料に基づき筆者作成。

① 誰が運営しているか（保険者は誰か）。

② 誰を対象として，どんな時に給付されるか。

③ 給付の内容，それはどう決められるか。

④ 誰が費用を負担しているか，それはどう決められるか。

（2）基本的事項──保険者と被保険者

現行医療保険の関係を図で表すと，図2-1のようになる。なお医療機関とは，本章においては病院と診療所を指す。

　a）保険者

保険者とは，保険料を集金し給付の支払いをする主体，最終的に赤字のときの財政責任を負う者と定義されるが，財政責任を取ることが嫌われ，最近の制度においてはできるだけ赤字が出ないように，仮に出ても関係者の作る基金により補てんされ，保険者の負担をできるだけ避ける制度となってきている。日本では表2-1のとおり保険者は分立しているが，大きく分けると被用者（サラリーマン）の保険者（健康保険法による健康保険組合と全国健康保険協会という公法人及び共済組合とされている），非被用者（自営業者や無職者）の保険者（国民健康保険法により市町村及び都道府県とされている）および75歳以上の者の保険者で

表 2 - 1　医療保険制度の概要

（2021年4月現在）

制度名			保険者	加入者数〔本人〕〔家族〕（万人）	医療給付の一部負担	財　源	
						保険料率	公費負担・補助等
（被用者保険）	健康保険	協会けんぽ	全国健康保険協会	4,044〔2,479〕〔1,565〕	義務教育就学後から70歳未満　3割	10.00%（平均）	給付費等の16.4%
		組合健保	健康保険組合1,388	2,883〔1,635〕〔1,248〕		組合ごとに異なる	定　額
		船員保険	全国健康保険協会	12〔6〕〔6〕		9.60%	
	各種共済	国家公務員	20共済組合	854〔456〕〔398〕	義務教育就学前　2割	共済ごとに異なる	なし
		地方公務員等	64共済組合				
		私学教職員	1事業団				
国民健康保険			都道府県47及び市町村1,716	2,932市町村2,660国保組合272	70～74歳2割（現役並み所得者　3割）。	世帯毎に応益割（定額）と応能割（負担能力に応じて）を賦課	給付費等の50%
			国保組合162				給付費等の28.4～47.4%
後期高齢者医療			後期高齢者医療広域連合47	1,803	1割(注)（現役並み所得者　3割）	個人ごとに均等割（定額）と所得割率を賦課	・保険料約10%・支援金約40%・公費約50%（公費の内訳）国：都道府県：市町村4：1：1

注：2020年12月に，「所得上位30%（現役並み所得者は3割のまま）までの人は2割とする」法律を制定
　　する旨の閣議決定がなされた。
出所：『厚生労働白書 2021年版』資料編に基づき筆者修正。

ある広域連合の3つに分類される。

　世界でも多くない国民皆保険を維持するには多くの困難を伴うが，非被用者を被保険者とする国民健康保険（以下，国保）の維持が最重要課題である。非被用者は，1961年の皆保険発足当時は自営業者や農民が多数であったが，いまや無職者（定年後75歳までの従前の被用者）や一時的な被用者（パート，派遣の一部など）が多数となってきている。

　国保において保険料の滞納世帯数が増えてきており，1割以上になっている。危険分散（例えば高医療費の患者の出現）を考えると保険者の再編も考えるべき

とされ，法律が改正されて，表2-1の中の国保の保険者は市町村だけではなく最終財政責任を負う都道府県も保険者となる改正が2018年に実施された。なお，国保の負担は，本来は保険「料」としての性格を持つものであるが，市町村の選択により，徴収上の便宜として保険「税」の形式を採ることが認められている。

　b）　被保険者

　被保険者は，保険料負担者であって，被用者保険では75歳未満の被用者（サラリーマン），国保では75歳未満の自営業者等および後期高齢者保険では75歳以上の者である。国保には，住民基本台帳に登録し生活の本拠が当該市町村にある外国人を含むので，総体としての住民皆保険となっている。ただし，生活保護受給者は，被保険者から除外されている。[2]

　c）　審査支払機関

　医療機関は患者に対し行った医療の診療報酬を保険者に請求する。実際は，保険者から委任されている審査支払機関にレセプト（診療報酬明細書）が提出される。審査支払機関としては，被用者保険は診療報酬支払基金（各都道府県に支部を有する），国保及び後期高齢者医療制度は各県の国民健康保険団体連合会が行っており，したがって，医療機関は患者の加入している制度によって請求先を2つに分けている。

　d）　保険医療機関

　診療は，研修を修了した医師免許を持った医師が，後述する衛生上の申出又は許可を受けた医療機関（診療所または病院）において行えるが，医療保険の適用がないと費用は患者が全額支払わなければならない。総医療費の一定割合の一部負担だけを患者から受け取り，残りを医療保険からの支払いを受けるには，医師は保険医の登録，そして医療機関は保険医療機関の指定を厚生大臣（実際には所在地を管轄する地方厚生局）から受けていなければならない。

（3）保険給付の対象

　a）　対　象　者

　給付は，被保険者と被用者保険の被扶養者（一定の所得以下で被保険者に扶養される家族）を合わせた加入者を対象として給付される。

図2-2　高額療養費制度の概要

〈例　被保険者70歳未満・年収約370〜約770万円（3割負担）のケース〉

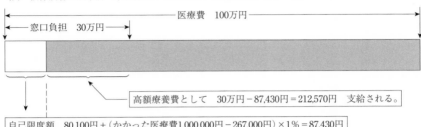

高額療養費として　30万円−87,430円＝212,570円　支給される。

自己限度額　80,100円＋（かかった医療費1,000,000円−267,000円）×1％＝87,430円

出所：厚生労働省HP「医療保険，施策情報，我が国の医療保険について」に基づき筆者修正。

　b）　給付される場合

　保険給付は被保険者や被扶養者が病気になったとき受ける。ただし，業務上や通勤途上の疾病は，事業主が全額保険料を負担する労働者災害補償保険による医療給付が優先される。また，自動車事故による傷病は保険者から自動車賠償責任保険に対し求償がなされ，さらに先に述べたように被保険者が故意に障害をした場合や，病気の有無を調べる健康診査（人間ドック），通常の妊娠・分娩等は，保険給付の対象とはならない。

（4）保険給付の内容

　a）　現物給付

　給付は，医療機関からの現物給付と保険者からの現金給付の2つがある。

　保険医療機関からの現物給付は，療養の給付，高額療養費，入院時食事療養費，入院時生活療養費，保険外併用療養費等が挙げられる。

　「療養の給付」は，①診察，②薬剤又は治療材料の支給，③処置・手術その他の治療，④居宅における療養上の管理及びその療養に伴う世話その他の看護，⑤病院又は診療所への入院およびその療養に伴う世話その他の看護である（健康保険法第63条）。療養の給付は，保険医療機関において一部負担金を支払った後に，残り部分が診療報酬として保険者から保険医療機関に支払われる。一部負担は45頁で後述する。

　「高額療養費」は，患者の一部負担が自己負担限度額を超える高額になった

場合に，その超えた額を保険者が給付する制度である。その自己負担限度額の計算方法は，図2-2の通りである。高額療養費は世帯合算（月単位）と多数回（年単位）のものがあり，自己負担限度額は被保険者の所得（70歳未満は5段階）に応じて異なる。高額療養費は，従来その都度申請していたが，2012年からは保険者の認定を受けていれば，入院・外来とも現物給付化されている。

　また，介護保険の高額介護サービス費・予防サービス費と合算して限度額を超えたときに超えた額が償還される高額療養・高額介護合算制度があり，さらに特定疾病についての自己負担限度額の軽減制度がある[3]。

　長期にわたる入院時の食事やいわゆる部屋代の一部は，2006年から給付から外され，標準負担額を一部負担することとなった。すなわち，「入院時食事療養費」が，入院中の食事療養に要する平均的な費用と標準負担額との差額を所得に応じて行う給付として定められた。「入院時生活療養費」は，65歳以上の療養病床入院者に居住費と食費にかかる平均的な費用と標準負担額との差額を所得に応じて行う給付である。

　b）　現金給付

　給付には現金給付もあり，①傷病手当金，②出産手当金，③出産育児一時金および④埋葬料がある。このうち①と②の手当金は，病気や出産により給与が出なくなったときの被用者保険だけの給付であり，給与の3分の2が一定期間（最長1年6カ月）保険者から支払われる。国保では，③と④だけが支払われ，保険者である市町村ごとに額は異なるが，平均的には出産育児一時金は42万円（現在このうちの3万円が産科医療補償制度の保険料として使われている）[4]，埋葬料は5万円程度となっている。

　保険給付の内容は国保と被用者保険で従前は相当異なっていたが，現在は上記のような現金給付において異なっているだけとなっている。

　c）　長期入院

　入院患者に係る保険給付は，不必要な長期入院（社会的入院）を避ける観点から，複雑な仕組みになっている。療養病床でない一般病床においては，入院が90日を超える患者（ただし，重症の神経難病等の患者を除く）の入院期間を平均

表 2-2　保険外併用療養費

○評価療養
・先進医療（先進 A：36技術，先進 B：69技術 平成29年 9 月時点）
・医薬品，医療機器，再生医療等製品の治験に係る診療
・薬事法承認後で保険収載前の医薬品，医療機器，再生医療等製品の使用
・薬価基準収載医薬品の適応外使用
　（用法・用量・効能・効果の一部変更の承認申請がなされたもの）
・保険適用医療機器，再生医療等製品の適応外使用
　（使用目的・効能・効果等の一部変更の承認申請がなされたもの）
○患者申出療養

○選定療養
・特別の療養環境（差額ベッド）　・歯科の金合金等
・金属床総義歯　・予約診療
・時間外診療　・大病院の初診
・大病院の再診　・小児う蝕の指導管理
・180日以上の入院　・制限回数を超える医療行為

出所：厚生労働省資料（http://www.mhlw.go.jp/file/06-Seisakujouhou-12400000-Hokenkyoku/0000118805.pdf，2021年 8 月16日アクセス）。

在院日数に参入して一般病棟の入院基本料を減額するか，または新たに単価の低い療養病棟入院基本料を算定する仕組みとなっている。

　高齢者ではない場合も含む一般病床への180日を超える入院患者（これも一定の状況の者は除かれる）については，入院基本料を選定療養とし，その85％を保険外併用療養費（後述）として給付することとされ，逆に15％はそれまでの一部負担に加え患者負担を求め得ることとされている。さらに転院の場合に期間を通算するかリセットするかの細かな規定がある。これらは，患者負担に係る重要規定であるにもかかわらず通知レベルで詳細が決められており，透明性の点で問題があり，簡素化透明化が求められる。

　d）　混合診療

　保険収載（後述）されていない医療技術や医薬品を使う保険外診療があると，もともとは保険が適用される診療も含めて，医療費の全額が保険から支給されず自己負担となる「混合診療の禁止」が原則とされている。その理由は，保険の対象となる医療技術や医薬品の有効性・安全性を確認し，かつ被保険者全体で負担し合うのに適当と考えられるものだけを保険の対象とすることとしてい

るためである。⁽⁵⁾一方，この原則の例外として，厚生労働省の認める先進医療や薬価基準に収載されている医薬品の適応外使用などを保険導入するかの評価を行う「評価療養」，患者からの申し出による先進医療や治験などの対象拡大を「患者申出療養」とし，さらに特別の歯科における金合金の使用や療養環境の提供（差額ベッド）などを，保険導入を前提としない「選定療養」として，これらを「保険外併用療養費」の対象として保険給付し，混合診療禁止による弊害を是正しようとする制度がある（表2-2）。この場合，患者は，通常の治療と共通する部分の一部負担と評価療養や選定療養に係る費用を支払えば，通常の治療と共通する部分の残り部分は保険給付されることとなる。⁽⁶⁾

（5）診療報酬

a）　支払い方式

保険者から被保険者に対してどのように保険金を支払うか，が支払い方式であり，日本では原則現物給付で給付するため，保険金は診療報酬として保険者から医療機関に対して支払われる。

日本の診療報酬支払い方式の基本は「出来高払い」と言われるものであり，医師の診療行為に応じて支払っていく方式である。保険者から医療機関に対して支払われる診療報酬は，国が決めた診療報酬点数表及び薬価基準に基づいて支払われる。診療報酬点数表はそれぞれの医療行為を点数で表し，地域にかかわらず1点10円として計算される。

しかし，近時病院の相当部分は「まるめ」と通称される包括払い方式が取られている。その例として，慢性期の療養病床では1日当たりの定額払い方式が取られ，また相当数の急性期病院では DPC（Diagnosis Procedure Combination，診断群分類別包括払い）と呼ばれる，入院基本料等は包括払い・手術等は出来高払いという支払い方式が取られている。⁽⁷⁾

b）　保険収載

医療技術や医薬品が医療保険から支払われるためには，厚生労働省により保険給付の対象であるとの保険収載されている必要があり，新しい医療技術などは評価希望書などを国に提出し，保険収載される必要がある。

　医療機器，再生医療等製品（人の細胞に培養等の加工を施したもの等），生物由来製品などの承認などにより，被害が起こった場合の保険制度も必要となる。医薬品と生物由来の医療用具は，一定の健康被害が起きた場合，医薬品医療機器総合機構を通じメーカーの拠出による保険制度によって救済する道が既に存在している。ただし，抗がん剤などのように，有効性だけでなくその有害性も明らかな対象除外医薬品の場合や，製造販売業者などの損害賠償の責任が明らかな場合などには，その制度では救済されない。再生医療等製品は2013年の薬事法改正で救済の対象となった。

　c）　薬価基準と薬価差

　医薬品は，後述する医薬品の承認を得た上に，保険収載されて薬価が決められ，薬価基準に収載されないと保険給付の対象とはならない。

　診療報酬で定められる医薬品の価格を薬価という。実際に医療機関が医薬品を卸業者等から入手する価格と薬価の差を薬価差といい，従前はそれが大きかったため，必要以上に医薬品が使われるという批判があった。このため，外来診療においては医薬分業がなされ，医療機関が処方せんを出し，患者は薬局で医薬品を受け取ることもできることとなった。その奨励のため，調剤報酬（広い意味での診療報酬に含まれる）を高くしたのがそのままとなっており，薬局全体の収入は歯科の2.6倍にまでなっている（図2-6）ので，医薬分業が相当行き渡った現在，その見直しが求められていると考えられる。

　また，遺伝子操作などの開発コストの増大を背景に，薬価設定が高すぎて医療保険財政を圧迫することも問題とされ，通常の2年を待たずに薬価が改正されることも起きてきている。

　さらに，特許期限の切れた医薬品を安く保険収載されたものは後発医薬品（ジェネリック）と呼ばれ，医療費の低減のために使用拡大が進められている。

　d）　中医協

　これまで述べてきた医療技術や薬価を保険収載し，その額を決めるのが，厚生労働省に設置された中央社会保険医療協議会（略称，中医協）である。支払

い側（保険者），診療側（医療機関）及び公益側（学者等）の三者で構成され，日本の保険医療の財政の重要部分が決められている。

（6）負　担

a）保険料

被保険者は普段から毎月の保険料を支払い，病気になったときには，保険医療機関に行って診療を受ければ，一部負担（一般には診療費の3割）を払うだけで医療が受けられる（現物給付）。保険料は法律または条例により上限額が定められている。例えば協会けんぽでは月給135.5万円以上の人は一律月給139万円とみなし保険料率10％だと保険料は月額約13.9万円とするという上限額が設けられている。その理由は一般的に必要となる医療費と比してあまりに高額な保険料を徴収するのは，平時の少しの保険料により病時の一時的な高額負担を避けるという保険制度の趣旨から適当でないと考えられるからである。国保の保険料はそれぞれの市町村が国保税として徴収することや，平等割や所得割などの徴収の仕方を決めることができ，低所得者への保険料の2割から7割の軽減も認められるが，やはり保険料額の上限を設けている。なお，医療保険料徴収時には，後期高齢者支援金（若年者の保険料）と介護給付費納付金（第2号被保険者保険料）等も同時に徴収される[8]（図2-7および図3-2参照）。

b）一部負担

医療を受けた際に一部負担を払う必要があるが，表2-1の通り，年齢と所得によって，また前述した高額療養費の対象となるかによって，総医療費に対する負担割合が異なっている[9]。それに加え，入院時には入院時食事療養費標準負担額や入院時生活療養費標準負担額がある。

一部負担が課されている目的は，患者が医学的・客観的に必要以上の過剰受診をしてしまうことを防ぎ，本当に必要なときに受診してもらうことにある。一方で一部負担が払えなくて受診抑制し，病状を悪化させることのないように，一部負担の額は所得や年齢に応じてきめ細かく設定されている。また，一部負担が一定額以上になる場合には既に述べた通り高額療養費制度が適用される。

図 2 - 3　前期高齢者の財政調整の全体イメージ

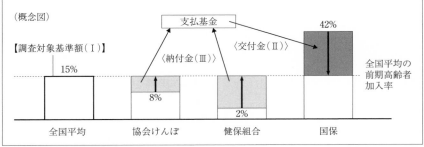

前期高齢者加入率が，全国平均加入率15％を上回る保険者については交付金が交付され，下回る保険者については納付金を納付することとなる。
健保組合は，一般的に前期高齢者の加入率が低いので，納付金を納付することとなる。

各保険者の納付金
＝（当該保険者の１人当たり前期高齢者給付費）×当該保険者の０～74歳までの加入者数
　×（全国平均の前期高齢者加入率−当該保険者の前期高齢者加入率）

出所：厚生労働省保険局「高齢者制度について」（第75回社会保障審議会医療保険部会資料３，平成26年
　　　５月19日，18頁）を一部修正。

　　c ）　補助金・納付金・支援金
　各保険者の財政力の均衡を図る等の観点から，国保全体に給付費の41％の国庫補助と９％の都道府県補助，国保の各保険者に高額な医療費や低所得者数に応じた国や都道府県の補助，協会けんぽに給付費の16.4％を基本に準備金額を調整した国庫補助などがある。
　高齢者医療に関連する前期高齢者の医療費は，図２-３のようなやり方で負担が調整され，高齢者の分布が少ない保険者から多い国保への財政調整（納付金）による補てんが行われている。後期高齢者を対象とする後期高齢者医療制度と異なり，前期高齢者は協会けんぽ，国保等の保険者の被保険者のままであり，それぞれの医療費が保険者の間で財政調整される。
　　d ）　保険者の収支状況
　以上のまとめとして，財政の状況全体を協会けんぽの例でみると，図２-４の通りである。前期高齢者納付金，後期高齢者支援金および介護給付費納付金

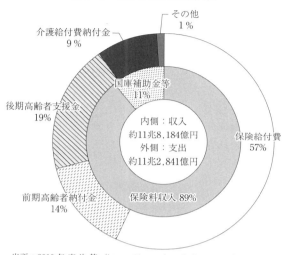

図2-4　協会けんぽの収支内訳

出所：2019年度決算（https://www.kyoukaikenpo.or.jp/~/media/Files/honbu/other/250809/r1zaimushohyou.pdf，2021年8月19日アクセス）に基づき筆者作成。

が支出の40％以上を占めている。

3　医療保険の実施体制

　ここで，医療保険の実施体制をまとめておくと，健康保険が適用される一般企業は，従業員が一定規模以上である場合，健康保険組合を設立して医療保険事業を運営することができる。健康保険組合を設立していない一般事業所については，全国健康保険協会が保険者となって医療保険事業（協会けんぽ）を運営している。被用者でも公務員等の医療保険については健康保険が適用されず，共済組合が保険者となって運営している。被用者でない国民については，市町村が保険者である国民健康保険（国保）が適用される。

　厚生労働大臣（地方厚生局長に委任）は医療機関等からの申請に基づいて，保険医療機関・保険薬局を指定し，保険医・保険薬剤師を登録する。社会保険診療報酬支払基金は保険者から手数料を徴収して，保険医療機関等からの診療報

┌───┐
│ ── コラム　厚生労働省の危機管理 ─────────────── │
│   │
│ 　厚生労働省の危機管理のための体制は，見直しが求められている。人員と予算の │
│ 投下により，すべての情報を管理し，職員が個々に管理するのではなく全書類を電 │
│ 子化して共有する。事務の引継ぎのマニュアル化も必要だ。書類がない，というの │
│ が国民の不信を招いてきた。しかし，これまでの書類管理方法では，他の部署の書 │
│ 類管理や自分より前の時代の書類の存否はわからないのが実情だ。こうしたことを │
│ 回避するには，予算と人手をかけてそれがわかるシステムを作る必要がある。政府 │
│ 内の他の部署とは，書類管理の重要性が格段に違うのだから，財務当局や行政管理 │
│ 部局も真剣に考えてもらいたい。   │
└───┘

酬請求書の審査及び診療報酬支払業務を行っている。国民健康保険に関しては，
国民健康保険団体連合会が支払基金と同様な機能を果たしている。

　健康保険（協会けんぽと組合健保）の被保険者の資格，保険料または保険給付
に関する処分に不服がある者は，まず各地方厚生局の社会保険審査官に不服申
立てを行い，さらに不服の場合には上級審査機関である中央の社会保険審査会
に行う。

　国民健康保険のように市町村が保険者として行った行為に対しては，不服申
立ては都道府県に設置された機関（国民健康保険審査会）に対して行う。この場
合，それより上の上級審査機関はない。

4　公費負担医療と国民医療費

（1）公費負担医療

　公費負担医療は，一定の場合に医療費の全部又は医療保険の患者負担部分を，
社会保険ではなく公費（一般には税金）で肩代わりするものの総称である。そ
の中では生活保護の医療扶助費が最も多く，生活保護費のおよそ半分が医療扶
助費である。その他，身体障害者の自立支援医療，結核医療，戦傷病者医療，
難病医療等がある。

　公費で全額または一部を負担する理由として，生活保護の医療扶助の場合に
は健康で文化的な生活の確保，障害者自立支援医療の場合には心身の障害を除

去・軽減するため，結核の場合には社会防衛的性格，戦傷病者の場合には国家補償的な性格，難病の場合には治療が極めて困難でかつ医療費も高額である，といったことが挙げられる（難病については，本書第1章参照）。

（2）国民医療費

a）定　義

日本の定義による国民医療費は，1年間

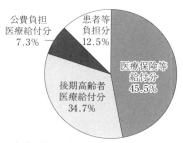

図2-5　制度区分別にみた国民医療費の構成割合（2018年度）

出所：図2-1と同じ。

の全国の医療機関等における傷病の治療に要する費用を推計したものである。この額には，診療費，調剤費，訪問看護療養費などを含み，正常な分娩費，健康診断費，介護保険により支払われる医療提供施設である老人保健施設，介護医療院の費用，一般病床の室料差額などは含まれない。一方，OECDの保健費には，介護保険で支払われているほとんどの費用が含まれているため，日本の定義は医療費を世界基準より低く見せている可能性がある。

　2018年度の国民医療費は43.4兆円（GDPの7.9％）で，制度区分別に見ると図2-5の通りであり，人口1人当たりの国民医療費は34.3万円であった。なお，OECD基準ではGDPの10.9％であり，OECD諸国の中でも高い割合の国になっており，従来言われていたような，日本の保健費は各国に比して小さいわけではなくなったと言える（なお，主要国との比較については，表2-10を参照のこと）。

　なお，新型コロナウイルス感染症の影響により医療機関の受診が減ったと言われており，国民医療費のうち労災・全額自己負担等の費用を含まない速報値である概算医療費によれば，2020年度は42.2兆円となっている（2018年度の概算医療費は，42.6兆円）。

b）地　域　差

　1人当たり医療費には地域差があり，最低の埼玉県と最高の高知県では約1.5倍の差がある。高齢者数などの要素的な要因や，医療提供体制の整備状況（人口当たりの病床数，平均在院日数など）との相関関係が見られる。

図2-6　2018年国民医療費総額（約43.4兆円）の内訳

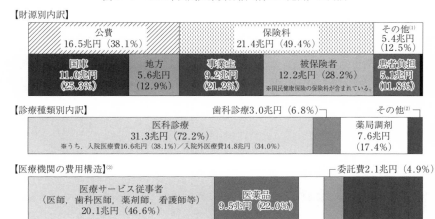

【財源別内訳】

公費 16.5兆円（38.1%）		保険料 21.4兆円（49.4%）		その他[1] 5.4兆円 （12.5%）
国庫 11.0兆円 （25.3%）	地方 5.6兆円 （12.9%）	事業主 9.2兆円 （21.2%）	被保険者 12.2兆円（28.2%） ※国民健康保険の保険料が含まれている。	患者負担 5.1兆円 （11.8%）

【診療種類別内訳】

歯科診療3.0兆円（6.8%）┐　　　　その他[2]┐

医科診療 31.3兆円（72.2%） ※うち，入院医療費16.6兆円（38.1%）／入院外医療費14.8兆円（34.0%）		薬局調剤 7.6兆円 （17.4%）

【医療機関の費用構造】[3]

┌委託費2.1兆円（4.9%）

医療サービス従事者 （医師，歯科医師，薬剤師，看護師等） 20.1兆円（46.6%）	医薬品 9.5兆円（22.0%）		経費，その他 （光熱費，賃借料，支払利息等） 8.6兆円（19.9%）

医療材料　　　　　　　　　　　　　　
（診療材料，給食材料等）
2.8兆円（6.6%）

注：(1) 患者負担及び原因者負担（公害健康被害の補償等に関する法律及び健康被害救済制度による救済給付等）。
　　(2) 入院時食事・生活医療費：0.8兆円（1.8%），訪問看護医療費：0.2兆円（0.5%）療養費等：0.5兆円（1.2%）。
　　(3) 「平成29年度　国民医療費」及び「医療経済実態調査（平成29年）」の結果等に基づき推計。
資料：「平成30年度　国民医療費」。
出所：厚生労働省資料（http://www.mhlw.go.jp/kousei/kousei-data/siryou/xls/sh0201_02_b2.pdf, 2021年9月10日アクセス）。

c）年齢差

　年齢階級別に見ると，65歳以上の高齢者の医療費は26.3兆円で全体の61％を占める。1人当たり医療費が65歳未満の約4倍であることも，その理由の一つである。

d）財源別等

　財源別，診療種類別の内訳および医療機関の費用構造は，図2-6の通りである。

5　医療費の適正化

（1）医療費適正化計画

　医療費の適正化は，無駄な医療費を削減する，という目的から従来から求められ，一部実行されてきたが，2006年から施行された「高齢者の医療の確保に関する法律」により，国民の高齢期における適切な医療の確保を図る観点から，医療費適正化を総合的かつ計画的に推進するため，厚生労働大臣は基本的な方針を定めるとともに，6年ごとに，6年を1期として，医療費適正化を推進するための全国医療費適正化計画を定めることとされ，都道府県も医療費適正化計画を定めることとされた。

　計画には，これまで①住民の健康の保持の推進に関する目標として後述する特定健康診査の実施率に関する目標（数値）②医療の効率的な提供の推進に関する目標として後発医薬品の使用促進に関する目標が定められてきた。これに加え，2018年からは，③医療計画の項で後述する「地域医療構想」と整合的な『医療に要する費用の見込み（医療費目標）』を定めるよう見直しがなされている。

（2）特定健康診査等

　医療財政を安定化するためには，疾病の予防も重要であり，「高齢者の医療の確保に関する法律」により，2008年度から特定健診，特定保健指導の制度が設けられた。これは，保険者がメタボリックシンドローム（内臓脂肪型肥満）の早期発見を目的とした健康診査（特定健康診査）を行い，その結果メタボリックシンドローム，あるいはその予備軍とされた人に対して，特定保健指導を実施することを義務づけたものである。健保組合と共済組合ごとの達成状況により，それぞれの保険者が拠出する後期高齢者支援金を若干増やしたり，減らしたりすることとして，後期高齢者医療費そのものの抑制を目指している。

第2節　医療提供体制

　現在の日本の医療体制は，2000年にWHOから世界一の評価を得た。その

理由である，国民が平等に高い健康水準を得ているか，地方においても一定の
レベルの医療が受けられるか，医療費の負担が公平かなどの点では，なお世界
レベルで見て優れていると考えられる。一方，以下に述べるようないくつかの
面，特に適切な医療が適切な医療機関によって提供されるよう，医師の配置を
含む医療提供体制の見直し，特に療養病床の再編と救急医療機関の再整備を図
る必要がある。その際，医療機能評価や後述する地域医療構想を活用し，二次
医療圏における医療機関の役割分担を明確化し，地域の医療サービスの効率的
な提供を目指していくべきであろう。

1 医療提供施設の状況

（1）医療を提供する機関の種類と数

　診療所，病院，介護老人保健施設，助産所，調剤する薬局および介護医療院
の 6 種類が医療提供施設として医療法に規定されている。診療所は無床又は19
人以下の，病院は20人以上の患者を入院させるための施設を有するもの，ま
た助産所は妊婦等を 9 人まで入所させる施設を有するものであるとされる（医
療法）。

　病床には精神病床，感染症病床，結核病床，療養病床と，それ以外の病床を
一般病床とする区別がある。精神病床だけからなる病院を精神科病院と呼び，
結核病床だけからなる病院を結核療養所と呼んでいる。療養病床は，病院また
は診療所の病床のうち主として長期にわたり療養を必要とする患者を入院させ
るためのものをいう（表2-3）。精神病床を除いて機能面で病床を分けると，
後述する地域医療構想に基づく「病床機能報告」による高度急性期・急性期・
回復期・慢性期の 4 分類がある。

　機能面で病院を分けると，特定機能病院は，①高度の医療提供，②高度の医
療技術の開発及び評価，③高度の医療に関する研修を行う医療機関のことで，
病院の申請により，厚生労働大臣が承認する。一般の病院としての設備に加え
て集中治療室，無菌病室，医薬品情報管理室を備え，病床数400以上，10以上
の診療科，来院患者の紹介率が50％以上であることを条件としている。現在，

表 2 - 3　病床の種類別にみた病床数

	病床数		（病床機能報告）	
	2019年		2018	
総　　数	1,620,097		総　　数	1,245,811
病　　院	1,529,215		（病院）	
精神病床	326,666		高度急性期	159,478
精神科病院	245,052		急性期	522,234
一般病院	81,614		回復期	158,459
感染症病床	1,888		慢性期	333,445
結核病床	4,370		合　計	1,173,616
療養病床（A）	308,444			
一般病床	887,847			
一般診療所	90,825		（診療所）	
（再掲）			高度急性期	182
療養病床（B）	7,882		急性期	46,499
歯科診療所	57		回復期	12,501
療養病床総数			慢性期	13,013
（A）＋（B）	316,326		合　計	72,195

出所：（左表）「厚生労働省医療施設調査」。
　　　（右表）厚生労働省第21回地域医療構想に関するワーキンググループ資料
　　　4「2018年度病床機能報告の結果について」（2019年 5 月16日）。

大学病院や国立がんセンターなど，全国では87病院が承認されている。

　地域医療支援病院は，①他の病院等から紹介された患者に対し医療を提供し，かつ，当該病院の建物等を当該病院に勤務しない医療従事者の診療等のために利用させるための体制がある，②救急医療を提供する能力を有する，病院の申請により都道府県知事が設備等の条件を満たすものを承認している。

（2）医療機関の開設

　病院を開設するには，衛生上の観点等から都道府県知事の許可が必要である（表 2 - 4．医療法第 7 条）。一方，財政上の観点からの医療保険からの支払いが行われるための指定は厚生労働大臣が行う。営利を目的とする者には開設の許可を与えないことができる（営利性の否定）。開設者の種類は国，自治体等の公的法人，社会保険関係団体，医療法人等の私的法人および個人の医師に分けられる（表 2 - 5）。医療機関の管理者は医師でなければならない。開設者＝管理

表 2 - 4 施設の種類別にみた施設数（2019年現在）

	施設数
総　数	179,416
病　院	8,300
精神科病院	1,054
一般病院	7,246
（再掲）	
療養病床を有する病院	3,662
一般診療所	102,616
有　床	6,644
（再掲）	
療養病床を有する一般診療所	780
無　床	95,972
歯科診療所	68,500
有　床	20
無　床	68,480

出所：「厚生労働省医療施設調査」。

表 2 - 5 開設者別にみた施設数（2019年現在）

	施設数
病　院	8,300
国	322
公的医療機関	1,202
社会保険関係団体	51
医療法人	5,720
個　人	174
その他	831
一般診療所	102,616
国	537
公的医療機関	3,522
社会保険関係団体	450
医療法人	43,593
個　人	41,073
その他	13,441
歯科診療所	68,500
国	4
公的医療機関	261
社会保険関係団体	7
医療法人	14,762
個　人	53,133
その他	333

出所：表 2 - 4 と同じ。

者＝医師という構造があるのは日本の特徴である。

　経営主体の一つである医療法人は，1950年に医療法で規定された。その当時の目的は資金の集積であり，医師が 3 人以上参加すれば設立できた。近年の改正で，医師が 1 人でも医療法人となることができるようになったが，その目的は，医業と個人の会計の分離・明確化及び事業の継続の容易化であるとされる。

　地方自治体立の病院（公的医療機関）には，自治体の一般会計から税金が繰り入れられているところもあり，また，後述する研修医の不足により医師不足となっているところも多くなっており，社会保険病院や労災病院等も含む公的病院全体での整理統合などの検討が必要とされている。

（3）医療計画（医療法第30条の 4 ）

　医療計画は，1985年の医療法改正により法制化された医療提供体制の確保を

表2-6 2県の二次医療圏の例

都県	二次医療圏名	市　町　村	都県	二次医療圏名	市　町　村
愛知	名古屋	名古屋市	千葉	千　葉	千葉市
	海部	津島市,愛西市,弥富市,あま市,大治町,蟹江町,飛島村		東葛南部	市川市,船橋市及び周辺部
	尾張中部	清須市,北名古屋市,豊山町		東葛北部	松戸市,柏市及び周辺部
	尾張東部	瀬戸市,尾張旭市,豊明市,日進市,長久手市,東郷町		印　旛	成田市及び周辺部
	尾張西部	一宮市,稲沢市		香取海匝	銚子市,旭市及び周辺部
	尾張北部	春日井市,犬山市,江南市,小牧市,岩倉市,大口町,扶桑町		山武長生夷隅	茂原市,東金市及び周辺部
	知多半島	半田市,常滑市,東海市,大府市,知多市,阿久比町,東浦町,南知多町,美浜町,武豊町		安　房	館山市,鴨川市及び周辺部
				君　津	木更津市,君津市及び周辺部
	西三河北部	豊田市,みよし市		市　原	市原市
	西三河南部東	岡崎市,幸田町			
	西三河南部西	碧南市,刈谷市,安城市,西尾市,知立市,高浜市			
	東三河北部	新城市,設楽町,東栄町,豊根村			
	東三河南部	豊橋市,豊川市,蒲郡市,田原市			

出所:図2-1と同じ。

図るための計画である。都道府県が策定し,二次医療圏の設定に関する事項,「基準病床数」に関する事項,生活習慣病（がん,脳卒中,急性心筋梗塞,糖尿病および精神疾患の5疾病）の治療・予防に係る事業に関する事項,救急医療・災害時医療・へき地医療・周産期医療・小児医療の5事業に関する事項などを定めるものである。医療計画を定める地理的範囲である二次医療圏は,地理的条件等の自然的条件及び日常生活の需要の充足状況,交通事情等の社会的条件を考慮して,一体の区域として入院に係る医療を提供する体制の確保を図ることが相当であると認められる地域圏として定義される。つまり,日常生活圏として病院を利用できる圏域のことであり,全国で350程度ある（表2-6）。基準病床数は,人口や病床利用率などにより定められ,既存病床数が基準病床数を超える病床過剰地域では,都道府県知事は公的医療機関等の開設・増床を許可し

ないことができる。一般には病床数が過剰であることが多いことから，二次医療圏内に療養病床と一般病床をどこまで整備できるか，都道府県内に精神病床等をどこまで整備できるかという限度を示す規制として理解されている。

　また，2014年に制定された「地域における医療及び介護の総合的な確保を推進するための関係法律の整備等に関する法律」（「医療介護総合確保推進法」）により医療法が改正され，「地域医療構想」を医療計画の中で定めることとされた。これは，人口減少や高齢化により医療ニーズが減少・変化する2025年に向け，病床の機能分化・連携を進めるために，医療機能ごとに2025年の医療需要と病床の必要量を推計し，定めようとするものである。都道府県知事は，医療機関から自らの病床を高度急性期・急性期・回復期・慢性期のいずれかに分類した「病床機能報告」を受け，「地域医療構想調整会議」「地域医療介護総合確保基金」や命令・勧告権を活用して構想を実現することとなっている。

2　医療従事者の状況
（1）常勤換算の医療従事者数（表2-7）

　医療従事者という用語は，ここでは病院・診療所において医療に関わって働く者として使っている。類似の用語として医療関係者があるが，これは働く場所を限定せずに使用する場合が多く，例えば救急救命士は医療関係者ではあるが，医療機関で働くわけではないので医療従事者ではない，という分類をしている。

　医師，歯科医師および薬剤師は，それぞれ医師法，歯科医師法および薬剤師法に基づき厚生労働大臣の免許を有する者であるが，それぞれの業の定義はなく，他の者が医業，歯科医業及び調剤を行ってはならない，という規定の仕方がされている。すなわち，医業とは何かの定義はなされておらず，医業は医行為を業とするとされ，医行為とは，判例により医学的判断をもってするのでなければ人体に危害を及ぼすおそれのある行為とされている。

　保健師，助産師，看護師は，保健師助産師看護師法に基づき厚生労働大臣の免許を有する者で，そのうち看護師の業務は，傷病者若しくはじょく婦に対す

表 2-7 職種別にみた施設の常勤換算従事者数

(単位：人)   (2017年10月1日現在)

		病　　　院				一般 診療所	歯科 診療所
		総　　数	精神科病 院(再掲)	一般病院 (再掲)	医育機関 (再掲)		
	総　　　　　数	2,090,967.5	167,147.3	1,923,820.2	212,837.1	708,306.8	325,046.5
1	医　　　　　師	217,567.4	9,086.1	208,481.3	48,526.4	135,605.7	202.2
2	常　　　勤[1]	172,192	6,652	165,540	39,810	102,960	74
3	非　常　勤	45,375.4	2,434.1	42,941.3	8,716.4	32,645.7	128.2
4	歯　科　医　師	9,825.1	133.1	9,692.0	6,441.7	2,088.2	97,980.7
5	常　　　勤[1]	7,705	65	7,640	5,027	1,297	84,729
6	非　常　勤	2,120.1	68.1	2,052.0	1,414.7	791.2	13,251.7
7	薬　　剤　　師	49,782.8	2,936.8	46,846.0	6,363.4	4,297.6	481.6
8	保　　健　　師	5,658.5	114.5	5,544.0	376.8	8,111.2	…
9	助　　産　　師	22,881.7	2.0	22,879.7	3,513.5	7,661.3	…
10	看　　護　　師	805,708.0	55,670.7	750,037.3	91,887.3	138,019.7	741.8
11	准　看　護　師	113,496.5	26,035.4	87,461.1	275.0	87,909.7	202.0
12	看護業務補助者	175,234.8	25,758.2	149,476.6	6,320.8	19,152.1	…
13	理学療法士(PT)	78,439.0	233.8	78,205.2	2,303.0	13,255.8	…
14	作業療法士(OT)	45,164.9	6,775.7	38,389.2	995.9	2,687.1	…
15	視　能　訓　練　士	4,320.5	12.0	4,308.5	870.7	4,568.6	…
16	言　語　聴　覚　士	15,781.0	59.2	15,721.8	607.6	858.2	…
17	義　肢　装　具　士	61.6	–	61.6	–	43.7	…
18	歯　科　衛　生　士	5,970.9	148.4	5,822.5	1,174.7	1,627.8	111,262.5
19	常　　　勤[1]	…	…	…	…	…	82,495
20	非　常　勤	…	…	…	…	…	28,767.5
21	歯　科　技　工　士	661.9	5.3	656.6	321.0	189.1	9,880.5
22	常　　　勤[1]	…	…	…	…	…	8,968
23	非　常　勤	…	…	…	…	…	912.5
24	歯科業務補助者	…					70,226.2
25	診療放射線技師	44,755.4	563.6	44,191.8	5,355.1	9,457.7	…
26	診療エックス線技師	105.5	5.9	99.6	–	1,103.0	…
27	臨　床　検　査　技　師	54,960.2	953.5	54,006.7	7,673.3	11,905.8	…
28	衛　生　検　査　技　師	76.5	0.2	76.3	17.4	350.7	…
29	臨　床　工　学　技　士	21,184.3	12.2	21,172.1	2,303.5	6,859.1	…
30	あん摩マッサージ指圧師	1,229.5	16.6	1,212.9	15.8	2,379.0	…
31	柔　道　整　復　師	486.4	2.0	484.4	…	3,617.5	…
32	管　理　栄　養　士	22,430.0	2,231.4	20,198.6	1,303.0	4,192.9	…
33	栄　　養　　士	4,717.3	836.5	3,880.8	182.0	1,694.6	…
34	精神保健福祉士	9,822.4	6,892.0	2,930.4	206.4	1,708.3	…
35	社　会　福　祉　士	12,966.6	67.0	12,899.6	542.1	1,323.8	…
36	介　護　福　祉　士	45,197.1	3,124.8	42,072.3	95.4	15,022.0	…
37	保　　育　　士	7,238.8	368.4	6,870.4	186.3	1,359.9	…
38	その他の技術員	18,916.6	2,365.3	16,551.3	1,909.5	6,972.6	…
39	医療社会事業従事者	4,774.5	257.4	4,517.1	346.2	1,137.8	…
40	事　　務　　職　　員	218,004.0	11,618.1	206,385.9	18,853.0	173,292.2	26,931.3
41	その他の職員	73,547.8	10,861.2	62,686.6	3,870.4	39,854.1	7,137.7

注：(1) 医師，歯科医師，歯科衛生士及び歯科技工士の「常勤」は実人員である。
　　(2) 病院の従事者数は，従事者数不詳を除く。
出所：厚生労働省「平成29年（2017）医療施設（静態・動態）調査・病院報告の概況」。

る「療養上の世話」または「診療の補助」を行う[12]，とされており，さらに医師，歯科医師または看護師の指示を受けて行う准看護師がいる。「診療の補助」のうちの特定行為（例えば脱水時の点滴）について，医師等の判断を待たずに手順書により行えるようにする特定行為研修制度が，2015年10月から始まった（保健師助産師看護師法第37条の2）。

　理学療法士，作業療法士，視能訓練士，言語聴覚士，義肢装具士，歯科衛生士，歯科技工士，診療放射線技師，臨床検査技師，衛生検査技師，臨床工学技士は，厚生労働大臣の免許を受けて，医師の指示のもとに人体に影響のある行為をする者である。

　あん摩マッサージ指圧師，柔道整復師，管理栄養士・栄養士，精神保健福祉士，社会福祉士，介護福祉士は，免許を受けて医師と連携しながら医療に関連する業務を行う職種である。

（2）病院職員の法定人員（医療法第21条）

　医師は，病院には入院患者が20名以上いることが想定され，夜間でも必ず1人は勤務していなければならないことから，最低3人は必置とされ，一般病床では入院患者が52人（精神病床および療養病床では156人）を超えると3人では不十分と考えられ，それ以上は入院患者が16人（精神病床及び療養病床では48人）増えるごとに1人の医師が必要とされる（実際にはこれに外来患者数等による必要配置数が加わるが，ここでは割愛した数を示した）。

　看護師は，一般病床では入院患者3人に1人，精神病床および療養病床では4人に1人，外来患者30人に1人という基準である。

　薬剤師は，一般病床では入院患者70人に1人，療養病床では150人に1人，外来は取扱処方せん75枚に1人という基準である。服薬指導や薬歴管理等の病棟における業務が増大するなど，業務の内容の変化に対応してきている。

　一般病床だけの病院の主な数値をまとめると，以下のようになる。

　　①　医　師　数：患者数が入院＋外来／2.5(眼・耳鼻の場合は／5.0)≦52人まで3人。それ以上は，この数（特定数）が16人増すごとに

58

　　　　　　１人を加える。

②　看護師数：入院患者数／３人＋外来患者／30人。

③　薬剤師数：入院患者数／70人＋外来処方せん数／75人。

　第４次医療法改正（2000年）では精神病床，感染病床および結核病床以外の病床で，主として長期にわたり療養を必要とする患者を入院させるための病床として「療養病床」を定義し，一般病床については看護配置基準を４：１から３：１に引き上げ，病床面積を患者１人当たり6.4 m^2 以上に引き上げた。

（３）医師の研修制度の改革

　1968年から医師免許取得後の臨床研修は努力義務とされていたが，2004年の医師の研修制度の改革により，２年以上の臨床研修の必修化がなされ，それまで問題となっていた薄給の研修医の処遇が改善され，また，研修医による研修病院の選択が可能となった。

（４）医師の偏在

　上記の新研修制度の実施の結果，それまで研修医が集まっていた大学病院の研修医が減る場合が出てきて，大学病院医局が研修医を使って医師の割り当てを行っていた系列病院への医局による人事が困難となり，病院・診療科によっては閉鎖，といったことが起きることとなった。

　こうした事態に対処し，また，全体としての病床数が多いことからくる各病院に医師が分散して各科当たりの医師が少ないことによる診療体制の不十分さを克服するため，医療資源を集約化して病院・診療科を地域で１カ所に集中している地域もある。医療法の改正により2019年４月から「医師確保計画」の策定，「地域医療対策協議会」の機能強化が計られた。

　一方，医療法に定める医師，看護師等の数（医療法標準と呼ばれる）を満たしていない医療機関を解消していく必要があり，特に医療資格者の多くいる都市部でのそうした病院は，何らかの問題を抱えていると考えられることから，都道府県による強力な指導が求められる。

3　医療提供の状況

（1）医薬品・医療機器の承認，医療技術

　医薬品は，その有効性と安全性について厚生労働大臣の承認を得たものしか
製造，販売できない。医療機器も同様である。これに対して，医療技術は医師
が適当と考えたものは，原則として自由に利用できる。ただし，これらいずれ
の場合にも，医療保険で給付されるためには「保険収載」というもう一つの行
政行為が必要である。保険収載されていない医療品等があれば，基礎となる診
察を含めた医療費の全額が患者負担となるのが原則である（混合診療の禁止）。

　また，医薬品の承認が外国と比べて遅い（ドラッグラグと呼ばれる）という問
題も指摘されることがあるが，スピードを重視すると医薬品の安全評価を他国
にすべて任せてよいのかという問題が生じる。結局，他国での治験をどこまで
認めるかという判断の問題に帰着するのである。[13]

（2）医療の確保に必要な事業

a）　救急医療

　日本の救急医療体制は第1次から第3次までの体制となっている。第1次は
市町村単位での在宅当番医制や休日夜間急患センター，第2次は二次医療圏単
位での病院群輪番制や共同利用型病院，第3次は都府県単位での救命救急セン
ターやドクターヘリを運営することとなっており，第3次の救命救急センター

表 2 - 8　北海道の救命救急センター（2021.5.1現在）

旭川赤十字病院
市立函館病院
市立釧路総合病院
北見赤十字病院
市立札幌病院
帯広厚生病院
札幌医科大学附属病院
手稲渓仁会病院
独立行政法人国立病院機構　北海道医療センター
旭川医科大学病院
砂川市立病院
名寄市立総合病院

出所：厚生労働省「救命救急センター設置状況一覧」

はいわば最後の砦となっている。第 3 次の救急体制は，三次医療圏に対応するもので，元々は各都府県に 1 つまたは100万人に 1 つということだったが，近年は，相当小規模化しており，例えば人口520万人の北海道では，表 2 - 8 の通り12の救命救急センターからなる 3 次体制になっている。

　3 次救急施設には多額の公費が導入されており，都道府県によっては 2 次救急施設にも補助がなされているにもかかわらず，そうした病院が補助のない病院と同様に救急患者の受け入れ拒否をしている。そうしたことから，救急補助金が交付されていることの広報，受け入れ拒否しない救急医療基本法の制定などが必要であろう。

　b）　災害時医療

　災害時には，医療機関と行政機関の一部または全部が機能できない状況になっていることを前提にして医療対応できるようにしなければならない。この観点から，病院が災害時の診療能力を発信する情報システム（広域災害救急医療情報システム）の整備，災害時にも数日間は持ちこたえられる発電等の設備を有する災害拠点病院の整備，災害派遣医療チーム（Disaster Medical Assistance Team; DMAT）の活用，国や自治体による患者や医師・DMAT の搬送体制など危機管理体制をさらに整備する必要がある。

表2-9　入院時の文書による説明の位置づけ（医療法第6条の4）

入院時の診療計画の義務づけ

○ 医療機関の管理者に対して，入院から退院に至るまで当該患者に対し提供される医療に関する計画書を作成・交付し，適切な説明を行うことを義務づけ。

○ その際，病院・診療所の医療従事者間で有機的連携が図られるよう努力義務化。

（計画書の記載事項）

◆主に当該患者の診療に当たる医師又は歯科医師の氏名
◆入院の原因となった傷病名
◆入院時の主な症状
◆退院までに行われる治療についての計画
◆入院中の看護や栄養摂取についての計画
◆その他厚生労働省令で定める事項

退院時の療養計画書の努力義務

○ 医療機関の管理者に対して，退院後に必要な医療又は介護その他の関連するサービスに関する事項を記載した退院後の療養に関する計画書を作成し，適切な説明を行うことを努力義務化。

○ その際，退院後の保健，医療，福祉サービスを提供する者と連携が図られるよう努力義務化。

出所：厚生労働省「良質な医療を提供する体制の確立を図るための医療法等の一部を改正する法律案」参考資料（2006年2月）。

c）　へき地医療

4km以内に医療機関がないといったへき地の医療に対応するため，へき地医療拠点病院群の整備，各都道府県のへき地医療支援機構の強化，遠隔医療などを内容とするへき地保健医療情報システムの充実強化などを実施していくこととなっている。

d）　在宅医療

診療報酬上の制度として「在宅療養支援診療所・病院」が設けられた。24時間往診，訪問看護等できる旨およびその連絡先を文書で患家に提供する診療所・病院で，その整備を図ることにより，在宅医療を推進しようとしている。

（3）患者による医療に関する選択の支援

病院等の管理者は，患者が病院等を選択するために必要な情報を提供し，都道府県知事へ報告し，またそうした書面を病院等において閲覧できるようにする義務がある（医療法第6条の3）。

病院または診療所の管理者は，患者を入院させたときは，短期間で退院する

場合以外は，入院中の検査や手術などに関するいわゆる入院医療計画を書面で交付する義務がある。一方，患者を退院させるときは，退院後に必要な福祉サービス等に関するいわゆる療養計画を書面で交付する努力義務がある（表2-9，医療法第6条の4）。なお，退院時に退院後の診療計画等を作った病院には，地域連携診療計画管理料などの診療報酬が認められている。

　病院等の広告に関しては，病院等を選択するための必要性と過大な期待や誇大広告を防ぐ趣旨から広告できる事項が法律で定められているが，徐々に広げられてきている（医療法第6条の5）。

　関連する問題として診療録（カルテ）の開示については，2005年4月の個人情報保護法施行で患者への開示が義務化された。具体的には，厚労省医政局長の通知「診療情報の提供等に関する指針の策定について」に基づき，医療従事者等は，患者等が患者の診療録の開示を求めた場合には，原則としてこれに応じなければならない，とされている。

（4）医療事故への対応

　都道府県等は，患者やその家族からの病院等に関する苦情や相談に対応し，病院等への助言を行う「医療安全支援センター」を設置する努力義務がある（医療法第6条の13）。医療事故ではないかと思っても，これまでは調査を訴えるところがなかった。しかし，新しい医療法第6条の10～11，第6条の15～27により2015年10月から以下のような医療事故調査制度が創設された。

　a）　医療事故の報告

　病院等の管理者は，当該病院等に勤務する医療従事者が提供した医療に起因し，または起因すると疑われる死亡又は死産であって，当該管理者が当該死亡又は死産を予期しなかった医療事故が発生した場合には，遅滞なく，当該医療事故の日時，場所及び状況その他の事項を後述する全国に一つ設置される「医療事故調査・支援センター」に報告しなければならない。

　b）　遺族への説明

　病院等の管理者は，医療事故の報告をするに当たっては，あらかじめ，医療事故に係る死亡した者の遺族等に対し，厚生労働省令で定める事項を説明しな

ければならない。

c） 調査の実施

病院等の管理者は，医療事故が発生した場合には，速やかにその原因を明らかにするために必要な医療事故調査を行わなければならない。

d） 支援の要請

病院等の管理者は，医学医術に関する学術団体（医療事故調査等支援団体）に対し，医療事故調査を行うために必要な支援を求めるものとする。

e） 全国一つのセンター

厚生労働大臣は，医療事故調査を行うことおよび医療事故が発生した病院等の管理者が行う医療事故調査への支援を行うことができるものとして，一般社団法人日本医療安全調査機構を医療事故調査・支援センターとして指定した。

f） センターの業務

医療事故調査・支援センターは，次に掲げる業務を行う。

① 報告により収集した情報の整理および分析を行うこと。

② 報告をした病院等の管理者に対し，収集した情報の整理及び分析の結果の報告を行うこと。

③ 医療事故調査に従事する者に対し医療事故調査に係る知識及び技能に関する研修を行うこと。

④ 医療事故調査の実施に関する相談に応じ，必要な情報の提供及び支援を行うこと。

g） センターによる調査と報告

医療事故調査・支援センターは，医療事故が発生した病院等の管理者または遺族から，当該医療事故について調査の依頼があった時は，必要な調査を行い，その結果を病院等の管理者または遺族に報告する。

（5）再生医療，医薬品等の安全の確保

iPS 細胞等による再生医療は，革新的な医療として実用化に向けた国民の期

待が高い。再生医療とは，病気やけがで機能不全になった組織，臓器を再生させる医療であり，創薬のための再生医療技術の応用にも期待されている。一方で，安全面などの課題が存在することから，再生医療等の安全性の確保等に関する法律が制定された（2014年施行）。

　同時に，医薬品・医薬部外品・化粧品，医療機器を規制してきた従来の薬事法に代わり，「医療機器の承認等についての医療機器の特性を踏まえた制度の創設」「再生医療等製品（軟骨再生製品，がん免疫製品，遺伝性疾患治療製品など）の新設」「安全性に関する規制の強化」を目的として，薬事法の名称を「医薬品，医療機器等の品質，有効性及び安全性の確保等に関する法律」（略称「薬機法」）に改めた法律が施行された（2014年施行）。その内容は，次の通りである。

a) 医薬品・医薬部外品・化粧品，医療機器および再生医療等製品

　これらの製品については，製造・販売にあたり以下の6点が義務づけられている。

① 製造・製造販売をしようとする者は，厚生労働大臣の許可を要する。医薬品の承認もその一環として行われている。再生医療等製品の実用化に対応した承認制度（条件・期限付承認）を創設。

② 薬局または医療品を販売しようとする者は，都道府県知事の許可を要する。

③ 製造販売業者等は，製品の安全性に関する情報を収集し，医薬関係者に提供する努力義務を負う。

④ 製造販売業者等は，製品による危害の発生・拡大のおそれがある時は，廃棄・回収，報告等を行い，副作用を知った時は，厚生労働大臣への報告義務がある。

b) 医薬品等行政評価・監視委員会

　医薬品，医薬部外品，化粧品，医療機器若しくは再生医療等製品の安全性の確保並びにこれらの使用による保健衛生上の危害の発生および拡大の防止に関

する施策の実施状況の評価及び監視を行う医薬品等行政評価・監視委員会を厚生労働省に設置する。

　同委員会が必要があると認めるときは，医薬品等の安全性の確保又はこれらの使用による保健衛生上の危害の発生若しくは拡大の防止のため講ずべき施策について厚生労働大臣に意見を述べ，または勧告を行う。

（6）院内感染防止

　新型コロナウイルス感染症対策では，患者受け入れのためのものも含めて医療機関における①清拭，消毒等の環境整備，②簡易陰圧装置・HEPA フィルター付き空気清浄機のような感染拡大防止対策に国の支援事業が行われた。

　通常時でも院内感染防止対策は重要で，以下のような対策が挙げられる。なお，院内感染とは，①医療機関において患者が原疾患とは別に新たにり患した感染，②医療従事者等が医療機関内において感染したこと，とされる。

①　感染制御の組織化（総ての職員に対して組織的な対応）。

②　感染対策マニュアルを整備し，常に見直しを行う。

③　サーベイランスの実施とアウトブレイクの察知。

④　標準予防策と感染経路別予防策。

⑤　手洗いおよび手指消毒。

⑥　職業感染防止（針刺し切創による感染防止のために，リキャップを禁止する，院内で業務を請け負う職種は，B型肝炎，麻疹等のウイルス抗体価検査を行う）。

⑦　環境整備と環境微生物調査（清掃による汚染の除去）。

⑧　器材の洗浄，消毒，滅菌。

⑨　抗菌薬耐性菌対策（施設内での各種薬剤耐性菌の検出頻度や薬剤感受性パターン，動向などを把握）。

⑩　感染性廃棄物処理。

⑪　感染症法等の法律に規定されている疾患については，所轄の保健所への届け出。

（7）インフォームド・コンセント

　医療行為（投薬・手術・検査など）や治験（承認を受けようとする医薬品の人体に対する有効性・安全性を調べるため，医療機関において実際に人体を用いて行う臨床試験のこと）などの対象者（患者や被験者）が，治療や治験の内容についてよく説明を受け理解した上で，実施に合意することが必要である。説明の内容としては，対象となる行為の名称・内容・期待されている結果のみではなく，代替治療，副作用や成功率，費用，予後までも含んだ正確な情報が与えられることが望まれている。説明する側は医療行為の利点のみならず，予期される合併症や，不利益についても十分な説明を行い，同意を得る必要がある。また，この同意はいつでも撤回できることが条件として重要である。

　日本では1997年の医療法改正によって，医療提供施設の開設者および管理者は適切な説明を行って，医療を受ける者の理解を得るよう努力する義務が初めて明記された（同法第6条の2第2項）。医療従事者側は，病名，病状，予後等の説明に際して，科学的に正確に伝えることも大事だが，患者が真に納得して受け入れるためには，患者の心情や価値観，理解力に配慮した説明が必要である。本人と家族の希望が食い違うことは稀ではないが，インフォームド・コンセントの原則では患者本人の意思が優先される。

　筆者は，予期される死亡または死産についてインフォームド・コンセントしておくことが，前述した医療事故の報告義務との関係でも重要と考えている。しかし，インフォームド・コンセントが困難な場合もある。患者が生命の危機に瀕している場合などの時間的余裕がない場合は，事前の説明を省略し，一般的な治療を優先させてから事後の説明を行うことはやむを得ない，と考えられている。現代の日本ではほぼすべての医療機関が，患者本人に正しい病名を告知することを原則としている。一方で，がん（特に終末期）の場合は病名を告知してほしくないと考える人は今でも多く，本人の性格や精神状態，家族の希望を考慮しながら最終的に伝える情報の範囲を決めていき，禍根を残さないように配慮する，といった対応をとる場合もある。患者が正確な情報を十分に与えられることが重要だが，どの程度までの情報を提供すれば「十分」なのかに

ついては，各医療機関の裁量に任されている。裁判例においても見解が必ずしも一致しておらず，法整備や統一ガイドラインの作成が望まれている。

（8）過剰設備

　日本は，人口当たりの病床数が多く，その分1床当たりの医療従事者数が少ないが，医療機器も人口当たりで比較した場合，世界で群を抜いて高い割合でCTの配置や高額な医療機器が配置され，国民医療費を引き上げている。その是正も課題となっていることから，これらの共同利用を一つの目的とした地域医療支援病院の承認の促進と実際の医療機器の共同利用が求められている。

（9）経営と医療の分離

　日本では，1980年に発生した非医師が開設者でその妻が管理者であった富士見産婦人科病院事件を契機として，病院の開設者が個人の場合には医師とする医療法の運用改訂が行われた。

　ヨーロッパの病院は，開設者＝管理者＝医師という構造にはなっていないが，日本では私的病院の多くの場合，開設者である医療法人の理事長たる医師が管理者として医療を行うかたちである。しかし，経営の責任者が医療内容の責任者でもあるこの構造は，利益至上主義を医師の倫理で防げるという意見の一方，経営上の判断が過剰医療などの医療内容に反映する恐れがあるとの意見もあるので，こうした弊害を避ける運営が求められている。

第3節　高齢者医療

1　高齢者の医療費を巡る歴史

　1973年以前は，70歳以上の高齢者の一部負担は，被保険者本人である高齢者が1割である以外，多くの高齢者は3割（国保被保険者，被扶養者は5割）であった。これに対し，順調な経済状況を背景に，多くの地方自治体がこの3割の一部負担を肩代わりし，一部負担を無料にする施策を実行していた。

　1973年には，東京都をはじめとする自治体の老人医療無料化の実施を受け，国の制度として一部負担を70歳以上の高齢者には無料とする法律が施行された。

こうした経緯により，高齢者への医療給付が爆発的に伸び，高齢者向けの病院病床数が急激に増加し，医療機関のサロン化や過剰な医療が問題となり，1986年から高齢者に一部負担を課し，また各保険者間で老人医療費を財政調整する老人保健制度[15]が施行された。その後，公費負担の割合を 3 割から 5 割に引き上げ退職者医療制度等も使いながら，財政調整の年齢を70歳から徐々に75歳に引き上げていった。

　老人保健制度から後期高齢者医療制度へと2006年に改正された理由は，次の 3 点であった。

① 　1999年に健保組合の97％による老健拠出金の不払い運動があり，政府内において拠出側の健保組合に不満の強い老人保健制度の維持は不可能と考えられたこと。

② 　老人保健制度は，市町村が財政責任を負わない仕組みと考えられたこと。

③ 　老人保健制度は，誰が費用を負担しているか外部に明確でなく，被用者保険からの拠出金の評価が正当にされていないこと。

　以降この節においては，2006年度成立の「高齢者の医療の確保に関する法律」によって旧老人保健制度が廃止され，2008年から施行された後期高齢者医療制度を解説する。

2　後期高齢者医療制度の概要

　後期高齢者医療制度の特徴を，一般の制度との対比で述べる。

　保険者は47の各都道府県ごとにその中の全市町村が加入する広域連合である。この広域連合は当該都道府県内の市町村を構成員とする地方自治法に定められた特別地方公共団体である。普通地方公共団体と同様，首長及び議会があり，条例を制定できる。被保険者は75歳以上の日本在住の者全員（ただし，生活保護受給者を除く）であり，保険料負担者である。給付は被保険者に対して行われ

図 2-7　高齢者医療制度の財政

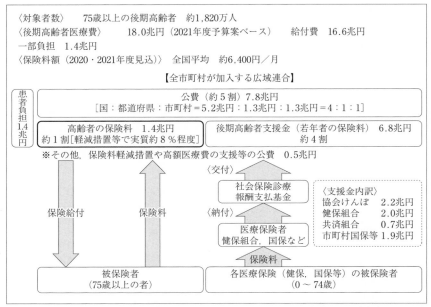

出所：厚生労働省 HP「分野別の情報→健康・医療→医療保険→施策情報→我が国の医療保険について」
（http://www.mhlw.go.jp/stf/seisakunitsuite/bunya/kenkou_iryou/iryouhoken/iryouhoken01/index.html, 2021年8月27日アクセスを一部修正)。

る。被扶養者の概念はない。65歳以上75歳未満の者であって一定以上の障害の状態にあると広域連合の認定を受けた者も被保険者とされる。

　給付内容は一般制度とほぼ同じである。後期高齢者医療制度の医療提供体制も一般制度と同じである。後期高齢者に相応しい診療報酬にしようとしたが，差別だとされて中止された経緯がある。

　後期高齢者医療制度の運営の仕組みは図2-7の通りである。2年間を単位とする財政運営で，収支は2年間でバランスを取る。保険料を年金給付から天引きする（特別徴収）ことに対して非難の声があがり，市町村が依頼しなければ天引きしなくてもよいように変わったが，天引きでなければ広域連合が個々の被保険者からそれぞれ保険料を徴収（一般徴収）しなければならない。

　第2・3節で述べた医療保険制度の2015年以降の基本構造は，後期高齢者医

図 2 - 8　医療保険制度の体系

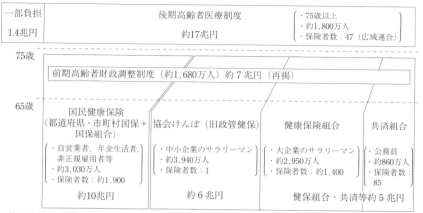

注：(1)　加入者数・保険者数，金額は，令和元年度予算ベースの数値。
　　(2)　上記のほか，経過措置として退職者医療（対象者約 4 万人）がある。
　　(3)　前期高齢者数（約1680万人）の内訳は，国保約1250万人，協会けんぽ約320万人，健保組合約90
　　　　万人，共済組合約10万人。
出所：図 2 - 7 と同じ。

療制度を含めると図 2 - 8 のようになっているのが理解できると思う。

　すなわち，前期高齢者の医療保険給付費約 7 兆円は各制度の間での財政調整を行い，後期高齢者の医療保険給付費約17兆円は別建の制度で賄い，65歳未満の医療保険給付費約14兆円は各制度が賄う構造となっている。

3　高齢者への医療提供の状況

　今後の高齢者の著しい増加を考えると，高齢者医療制度を維持していくことが，日本の医療保険制度全体にとって非常に重要である。制度に対する理解の不足から，制度実施直後の頃には後期高齢者医療制度への不満も大きかったが，制度は次第に定着している。制度を変えるという厚生労働大臣もいたが，高齢者の医療費を支えるシステムの選択肢は少ない。高齢者への医療提供を述べると以下のようになる。

（1）高齢者の増加

　財政責任は広域連合が負うことと明確化された。しかし，①息子の被扶養者

から抜け，負担を求められるのは不満，②健保の被保険者本人だった者も健保から抜けなければならない，③国保では夫婦で1つの世帯だったのが，それぞれが独立の被保険者となる，④それまでの地方単独補助が廃止された，などの後期高齢者医療制度発足に伴う問題も起きた。

　高齢化の進む日本では，高齢者医療費の毎年の増加は避けられない。2025年までを展望すると，65歳未満の医療費は実額でむしろ減少するが，65歳以上の医療費は6割以上増加するという試算もあり，高齢者医療費の増加が問題である。1人当たりの医療費を比べると，日本では高齢者は若者の約4倍になっているが，欧米ではもっと少なく，高齢者医療費の精査も必要である。

　高齢者の入院が病院では60％を超えるようになったにもかかわらず，病院の入院者対応は相変わらず非高齢者を念頭においているところが多く（例：①3次救急での手術は，末期がんや高齢意識混濁者でも必ず人工呼吸器で対応してしまう，②入院したら，かえって寝たきりになってしまった，など），高齢者に相応しい医療がなされていない面もある。そうしたことから，終末期医療のあり方を含む高齢入院者対応マニュアルの作成やその徹底が必要である。

　病院退院時に病院が介護サービス事業者等と取る連携は，医療法上努力義務に留まっており，十分な連携がなされていない。表2-9（62頁）のように入院時は，入院計画の策定が義務づけられているのと比べると改善が望まれる。

　また，急激に増加する認知症高齢者への対応が課題である。そのため，地域で認知症対策の中核となって活動する医師が認知症サポート医として配置され，さらに毎年開業医の研修や一般人の理解者である認知症サポーターの全国各地での養成が行われ，更には地域包括支援センターや認知症疾患医療センターに認知症初期集中支援チームと認知症地域支援推進員を置いて，対応しようとしている。

　幸い世論調査などでは，社会保障の向上のためには負担増もやむを得ないとしている意見が多いから，今後の展望は必ずしも暗くないが，日本経済の動向は予断を許さない。また，高齢化にともなって新しく起きてくる孤立死などの問題への対処も求められている。

（2）高齢者の保険料負担

　後期高齢者医療制度は，患者の一部負担を除く後期高齢者の医療費全体の中でその保険料の負担割合を10％と明確にし，従来の老人保健制度のように高齢者の負担が明確でなかった点を改めた。10％は，その後介護保険では高齢者の増加に伴い負担割合が増えることにならい，2年ごとに見直され，2020・2021年度は約11％になった。いずれにしても，世代間の負担が明確になっているから，この高齢者の負担すべき11％及び患者の一部負担は，世代間の負担の不均衡を増加させないためにも，しっかりと求めていく必要がある。

（3）終末期医療

　a）　ガイドラインの策定

　終末期医療への合意形成が国民，医療関係者の間で十分ではなく，自宅で最期を迎えたいと思っている国民は6割いるのに，実際に自宅で最期を迎えた患者は1割強にとどまっているという調査がある。[16]終末期医療については，厚生労働省は2007年以来のガイドラインを，2018年には「人生の最終段階における医療・ケアの決定プロセスに関するガイドライン」に改訂した。このガイドラインは，近年諸外国で普及しつつあるACP（アドバンス・ケア・プランニング：人生の最終段階の医療・ケアについて，本人が家族等や医療・ケアチームと事前に繰り返し話し合うプロセス）の概念を盛り込んでいる。こうしたガイドラインに対しては，不十分とする意見と，行き過ぎだとする意見の両方がある。

　不十分とするのは医師の意見であり，終末期医療についての法的責任がはっきりしない，というものであり，行き過ぎだとするのは難病患者の会などが主張している意見で，医師の裁量が大き過ぎる，というものである。ACPによってこうした対立が緩和されることを期待したい。

　b）　法律制定の必要

　終末期医療について，フランスにおいては2005年に「患者の権利と生の終焉に関する2005年4月22日の法律」（いわゆるレオネッティ法）が成立し，公衆衛生法典等を改正する形で，治癒が認められない終末期の患者及びその後見人が治療の中止を求めた場合，医師はその結果を十分説明する義務があり，その上

で患者がそれを望むのであれば，一定期間の後，治療を中止できること，そしてその経緯についてはカルテに記載すること，尊厳死を求められた医師がその判断に迷うときには他の医師団の意見を聞くこと，などといった手続きが示されている。ここで重要なことは，規定されているのは「人工的な延命治療」の中止であり，積極的な安楽死・自殺幇助ではないこと，である。日本においても，このいわゆるレオネッティ法の主要点である①常軌を逸した執拗な治療等の禁止，②患者による治療の拒否は，医師により尊重される，③意思を表明できなくなった時のための事前指示書（アドバンス・ディレクティブ）の作成等は，今後検討していくべき重要な課題と考えられる。

　具体的には，現行制度の運用からみて法律を改正しないと実行できないことを明らかにし，国民にとって望ましい看取りが実行できるような法律案を考案し，適切な法律を制定することが大切である。具体的には，以下のようなものが考えられよう。

① 　市町村又は地域包括支援センターが主体となって看取り（在宅入院）の計画を作り，その実行を介護事業者へ割り当てていくためには，市町村に地域独占を許す介護事業者との契約締結権限を与える公募指定（介護保険法第78条の13）を実行することが必要であると考えられる。

② 　医療についての事前指示書（アドバンス・ディレクティブ）の法案をまず考案する。これについては，フランス，ドイツ，オランダで既に法律となっており，その内容は，事前指示の有効性の確認方法など主として手続き的な規程と考えられるので，患者の意思尊重というガイドラインの枠内でまとめられるはずであり，まずこの案が示されるべきであろう。

③ 　次に医療の制限・中止法案を考案する必要があるが，その理由は死に向かう高齢者には積極的な医療はむしろ負荷が大きくかえって生活の質を低下させるとの指摘や，過度の延命措置は本人の苦痛はもとより，家族にも精神的，経済的に大きな負担を強いる，といった意見が重視されるべきだからである。そしてこの案はガイドラインが受けたと同じ批判，すなわち

┌─ コラム　胃ろうと終末期医療 ─────────────

　識者は療養病床では「ただ天井をにらんでいる人，鼻からのチューブで栄養と水
分を補給してもらってまばたきだけしている人，胃ろうを作ってもらって，直接胃
腔内に栄養や水分を入れてもらって無表情な顔をしている人」が増えてきていると
言う。飲み込む力はおろかほとんど生きる力の無くなった人には胃ろうを造らない，
また，「胃ろうの状態で流動食だけで何年も過ごしたくない」と言っていた人に，
胃ろうの手術をしないといった国内での統一ガイドラインの設定が求められる。胃
ろうだけでなく，気管切開など，同様の判断が必要になる医療行為も含め，いわゆ
る終末期医療に対して立法による解決も求められている。

└──────────────────────────────

　一方からは不十分とされ，他方からは行き過ぎだとされるのは明白なので，

それぞれの批判にできるだけ応えられるような内容の検討が必要であり，

広くパブリックコメントを募集することも必要であろう。

（4）　在宅療養支援診療所の活用

　自宅で最期を迎えるためには，終末期まで在宅で療養できることが不可欠の
要件である。その重要な役割を果たすのが往診を行う地域の医療機関であり，
それを制度化した在宅療養支援診療所や在宅療養支援病院である。24時間連絡
を受ける医師又は看護職員を配置し，その連絡先を文書で患家に提供している
ことなどが要件となっているから，各地域で確保していく必要がある。

　その在宅療養支援診療所が他の訪問看護や訪問介護の事業所と連携しながら，
終末期，できれば最期の看取りまでの在宅での介護，療養を支援していく体制
の整備が望まれる。

（5）胃ろうのあり方

　胃ろうの例を見ると，医療のあり方の問題が浮かび上がる。近年，病院に入
院中に，胃ろうという腹部の表面から胃まで穴をあけ外部から栄養剤を注入す
る人工栄養装置を設置する手術をした後，自宅・施設に帰される高齢者が多く
なり，特に意思表示ができない高齢者の福祉の観点から問題とされている。諸
外国に見られる設置に関する国内統一ガイドラインが必要であろう。しかもそ
の維持管理が医療行為とされて，家族を除く介護者による維持管理が制限され

表 2-10　医療分野についての国際比較（2019年）

	フランス	ドイツ	日本	スウェーデン	イギリス	アメリカ
人口千人当たり総病床数	5.8	7.9	12.8	2.1	2.4[※1]	2.8[※2]
人口千人当たり急性期病床数	3.0	6.0	7.7	1.9	2.1[※3]	2.5[※2]
人口千人当たり臨床医師数	3.2	4.5[※1]	2.5[※2]	4.3[※2]	3.0[※1]	2.6
病床百床当たり臨床医師数	34.5	26.8	13.4[※3]	–	85.3[※1]	33.5[※2]
人口千人当たり臨床看護職員数	11.1	14.0	11.8[※2]	10.9[※2]	8.5[※1]	11.8[※1]
病床百床当たり臨床看護職員数	98.2	87.7	61.3[※3]	–	316.1[※1]	292.6[※2]
平均在院日数	8.8	8.9[※2]	28.2[※3]	5.6	6.6[※2]	6.1[※4]
保健費の対 GDP 比	11.1	12.5[※1]	11.0	11.4[※1]	12.8[※1]	16.8

注：(1)　「※1」は2020年のデータ，「※2」は2018年のデータ，「※3」は2017年のデータ，「※4」は
　　　　　2016年のデータ。
　　　(2)　病床百床当たり臨床医師数は常勤換算の数字であり，他は実数である。
　　　(3)　看護職員には准看護師及び助産師を含み，介護助手は含まない。
　　　(4)　保健費には，医療費に加え，介護費の一部を含む。
　資料：OECD Health Statistics 2021.

　ているため，特養などによっては，胃ろうを付けた場合には施設に戻れないと
いった問題も起きていた。これについては，2011年6月の介護保険法の改正に
より，介護福祉士等に技術習得のための研修を義務づけるとともに，維持管理
を行う権限が与えられることとなって，一定の制度的な解決が図られた。
　人生の最終段階についての調査によれば，一般の人の71％，医師の85％，看
護師の87％は胃ろうを造りたくない，としていることにも注目しなければなら
ない。

第4節　日本の医療サービスの特徴と課題

1　日本の医療サービスの特徴

　日本の医療サービスは，世界保健機関（WHO）が2000年に世界一と評価し
たように，日本人の平均寿命を伸ばし，国民生活を支えてきた誇るべきもので
ある。もちろん，改善すべき点も多いが，諸外国からも高い評価を得ており，
基本的には現在の制度の良い点を維持し，必要な改善をしていくことが求めら

┌─ コラム　評価される日本の医療費の仕組み ─────────────┐

　　日本では，治療にかかる費用や薬剤費は，厚生労働省に置かれた中央社会保険医
療協議会（中医協）の意見を基に，政府によって決められる。中医協では，診療側
は費用を上げようとし，支払い側は費用を下げようとする。この利害が相反する者
の調整を踏まえた政府の決定の結果，医療費が高騰せずに済んでいる。海外から評
価されるもう一つの理由は，各県に支部のある被用者保険のための支払基金と，各
県に設置されている国民健康保険のための国民健康保険連合会（国保連）の存在だ。
支払基金と国保連は，全国に約10万ある医療機関からの医療費の請求を審査し，決
済する機関で，複雑な決済関係の処理と不正請求の防止に役立っている。

└──────────────────────────────────────┘

れる。

　現在の日本の医療サービスの特徴として，次の点が挙げられる。

（1）社会保険方式

　医療サービスの費用は，基本的には国民すべてを対象とする社会保険の方式
を取る医療保険によって賄われている。

（2）医療提供体制

　医療提供の経営主体を公的な法人と民間の法人（ただし営利法人を除く）およ
び医師個人の三者に認め，医師を医療機関の管理者とすることを義務づけてい
る。営利法人の経営は，戦後一時的に認められ現在も経営が続いているものを
除き，認められていない。医療機関の中では，中小の私立病院が多いのが日本
の特徴であり，200床以下の病院が約7割，私立病院（医療法人及び個人立）が
約7割である。[19]

　また，表2-10の通り人口当たりの病床数が多く，逆に1床当たりの医療従
事者数が少ないのも日本の大きな特徴である。

（3）独自の後期高齢者制度

　2008年度から施行された高齢者の医療の確保に関する法律に基づく後期高齢
者医療制度は，著しく高齢化していく日本において，増加する高齢者の医療費
を賄っていくための日本独特の仕組みである。

（4）病床数が多い

　表2 - 10の通り，日本は人口1,000人当たり総病床数でスウェーデンの6.1倍，フランスの2.2倍の病床を有しており，先進国で頭抜けて多い。これは，療養病床と精神病床を多く有しているためと考えられ，先進国と比較する場合に急性期病床という分類を別に作る必要を生じさせたほどである（これまでの比較表にはこうした区分はしていなかった）。その急性期ですら病床数は多く，在院日数は長くなっており，一定数の社会的入院患者の存在が推定される。

（5）受診回数が多い

　一部医療関係者の献身的な努力もあって，総体的には世界的に見てコスト・パフォーマンスの良い医療サービス提供制度となっている。病院を含む医療機関へのアクセスが世界的に見て最も自由であり，その分受診回数などが多い構造になっている。その反面，受診時の一部負担は比較的大きいものとなっている。

2　主要な課題

（1）皆保険の維持

　世界でも多くない国民皆保険を維持するには多くの困難を伴うが，非被用者である国保の維持が重要課題である。非被用者は，1961年の皆保険発足当時は自営業者や農民が多数であったが，いまや無職者（定年後75歳までの前被用者）と一時的な被用者（パート，派遣の一部など）が多数となってきている。その国保において保険料の滞納世帯数が増えてきており，1割以上になっている。保険者の再編が考えられ，保険者は都道府県及び市町村となった。

（2）療養病床の再編など病床の整理

　すでに述べたように，日本の単位人口当たりの病床数は非常に多く，逆に1床当たりの医療従事者は少ない（表2 - 10）ので，高齢者福祉施設と高齢者・精神病者の在宅療養の体制を整え，病床を整理していく必要がある。

　療養病床の再編について詳述すると，以下のとおりである。療養病床は，病院の病床のうち医療法第7条に規定される「主として長期にわたり療養を必要

とする患者を入院させるための」病床であるが，2005年にはその費用を負担するのが医療保険で賄われる医療療養病床と介護保険で賄われる介護療養病床の２種類あり，両者合わせて35万床あった。このうち，介護保険で費用が賄われている療養病床を廃止し，老人保健施設（以下，老健）などに転換してもらおうという改革が計画されていた。療養病床は，病院の病床だから，夜間も医師の対応が必要と医療法に定められていて，３人以上の医師や多くの看護師が手厚く配置され，それに応じた高い報酬が支払われている。しかし，2005年当時，療養病床に入院している人のおよそ半数は，病院に入院するほどの医療ではなく，介護を必要としている，いわゆる「社会的入院」であることが，この再編の契機となった。

　こうした入院をするほどの医療を必要としない者にも万一の救急のために療養病床が必要との意見があるが，そうした救急医療の必要性は在宅療養の高齢者も同じである。また，急性期病院からの受け皿として必要との意見もあるが，欧米の急性期病院の平均在院日数と比較して非常に長い日本において，さらに医療提供施設で療養させる必要はないし，どうしても引続く医療が必要であれば，医療療養病床で対応すれば済む，と考えられた。

　療養病床に入院している人の平均入院期間は２年弱であり，転換は2006年から６年かけて行われることで，当時の平均的な入院患者には迷惑をかけず，病床自身を別の介護施設などに転換する工程を予定していた。しかし，2011年６月の介護保険法改正で，さらに６年かけて転換することになった。

　そして，2017年に成立した介護保険法改正により介護療養病床は2023年度に廃止するものの，実態は再び医療提供施設である介護医療院とし，介護保険から給付することとなった。しかし，そこまで医療の必要のない者を介護老人保健施設とは別の医療提供施設に入所させる必要はない。病院は，夜間も治療の必要が生じるから医師３人の配置を要するのだが，月に１度以下の受診なら介護老人福祉施設でも十分対応可能と思われる。

　回復期病床については，臨床的に複合的な問題のある患者で，平均で25日以上急性症状又は慢性症状のある患者に，例えば人工呼吸器による医療を提供す

る病院[20]とするなどその機能を明確にし，数を縮減していくべきであろう。

　残りの回復期病床と療養病床では，医師の配置は1人でよいとするなど医療従事者を減らし，新型コロナウイルス感染症への対応などのため医療従事者を急性期病床に回せるようにしていくことも検討に値しよう。

　そもそも日本は病床が多すぎるのだ。介護医療院には一般病床からの転換もある，と言われるとますます整理の必要を感じる。日本以外の先進国で長期療養病床を有する数少ない国の一つはフランスだが，その病床数は全病床の8％程度であり20％の日本の半分以下で，一般病床も含めると日本の状況は明らかに過剰である。

（3）介護との連携

　2014年に制定された医療介護総合確保推進法により法定化された，各都道府県での地域医療介護総合確保基金の設置，医療と介護の連携，地域包括ケアを考慮した医療の側の体制整備が必要とされ，その具体化が要請されている。

（4）保険料負担

　国保の低所得者の保険料が高いと感じられている。また，近くに病院があった方がよい，という意味では病床数が多い方がよいが，かといって保険料や税金の増加は困るという国民感情がある。そうしたことから，低所得層には十分配慮しながら，保険料を増やしてどうしても必要な部分に絞った高齢者医療とするような制度の運営をし，その広報が必要である。

（5）国民の理解

　公的医療保険の仕組みをわかりやすく広報する努力が求められるが，ホームページが難しすぎる，という評価もあるので，一層の努力が必要だろう。

　また，後期高齢者医療制度や前期高齢者の医療費の調整をすることについて国民の理解を得る必要がある。後期高齢者の支援金を拠出する側の協会けんぽから見ると，その収支における支援金の割合は高く，こうした拠出側の理解を得ていかなければいずれ制度の安定性に問題が生じる。同様に前期高齢者の医療費の負担の調整（図2-3）についても十分な広報が求められている。

3　その他の課題

（1）情報化の推進と個人情報の保護

　診療の充実のために，情報システムの研究開発と普及により，電子カルテの普及と解析，遠隔地医療によるへき地対策などを進めていく必要がある。

　2015年10月から始まったマイナンバー制度は，全国民一人ひとりに番号を付け，社会保障や税の手続を効率化しようとする仕組みで，医療保険の保険給付の支給，保険料の徴収に関する事務等に利用される。

　また，個人情報保護法が改正され，医療機関の保有するカルテ等は特に配慮を要する要配慮個人情報とされた。一方特定の個人を識別できなくしたレセプト等の匿名加工情報は，いわゆるビッグデータとして利用できる道も開かれた。

（2）専門医療の受け方

　開業医では自分の病気の発見や治療法がわからないのではないか，という不安があり，患者は大病院志向となる。したがって，良いという評判の病院では予約があっても数時間待たされることになる。そうしたことから，診療所の信頼できる有能な専門医としての総合医を，例えば診療報酬によって評価し，適切な病院に患者を誘導していくことが必要である。

（3）精神医療

　日本の精神病床数は人口1万人対で26床，平均在院日数も約266日で，世界で群を抜いて多い。諸外国と比べると OECD Health Data 2015によれば，それぞれイギリス5床で42日，ドイツ13床で24日，フランス9床で6日となっている。[21] 2004年8月に厚生労働省の検討会[22]で入院患者のうち7万人の退院可能患者（社会的入院者）の存在を認め，10年間で7万床の減少を促す，としながら15年間を経て2.7万床減ってもなお，32.7万床ある状況である。2014年までの10年間の入院者の内訳では，任意入院者数が5.5万人減って15.5万人，保護入院者数が1.7万人増えて13.2万人となっている。この間に保護者制度廃止の法案も成立したので，地域への復帰対策を進め，実効性のある過剰な病床数の減少策をさらに実施していくべきである。

（4）保健医療分野の開発援助

　2010年の内閣府の調査によれば，「今後我が国はどの分野に開発援助の重点を置くべきだと思いますか？」という問いの回答のトップが保健医療分野（70％超）であった。そうしたことから，ODA（政府開発援助）を有効に活用するためにも，受益国の国民の立場に立った保健医療の開発援助を行っていくべきであろう。

（5）脳死と臓器移植

　日本の臓器移植法は，脳幹を含む全脳の機能が不可逆的に停止するに至ったと判定されたものを指す，という全脳死説を取っている。1997年の制定時点では，生前に臓器提供の意思を書面で示した者について，臓器を提供する場合に限って脳死は人の死であると位置づけ，臓器移植を行うとしていた。2010年の改正法によって，臓器移植においては脳死をもって死とし，「本人の臓器提供の意思が不明の場合であって，遺族がこれを書面により承諾するとき」も移植が可能となり，このことより，15歳未満の人からの脳死後の臓器提供も可能となった。今後は，この改正の効果を見ながら，児童を含め適切な臓器移植を推進していくことが望まれている。

　注
(1) 社会保険では，被保険者と受給者は同一の場合も多い。
(2) その理由は，歴史的に生活保護制度の方が皆保険になるより先に作られていたため，生活保護より医療保険を優先させると市町村の財政負担が多くなることから，医療保険給付を優先とすることに政治的反対が強いため。
(3) 高額療養費における特定疾病の特例は，著しく高額な治療をほとんど一生にわたって必要とする疾病にかかった患者について，自己負担限度額を月額1万円（上位所得者は2万円）にする制度である。現在，慢性腎不全，血友病A・B等が特定疾病とされる。
(4) 分娩時の医療事故では，過失の有無の判断が困難な場合が多く，裁判で争われる傾向があり，このような紛争が多いことが産科医不足の理由の一つであるとされ，分娩に関連して発症した重度脳性麻痺児とその家族の経済的負担を速やかに補償する制度として創設された。出産育児一時金から保険料が支払われる。

(5) 今後開発される高価な医療技術等を保険医療の対象から外し，保険料の高騰を抑えるため，混合診療の解禁を求める声もあるが，これは，例えば先進医療が高所得者だけにしか使えなくなる恐れがあるので，適当でないと考えられる。

(6) 例えば，今は保険の対象となっているが，人工透析が新技術として日本に出現したときに立ち戻って考えてみる。透析代50万円，その他の診療費等3万円と仮定すると，まず先進医療として評価医療になると，自己負担は透析代の50万円＋3万円の3割＝50.9万円。それがいずれ保険対象となれば53万円の3割の一部負担で15万円余，それがさらに高額療養費制度で8万円余の一部負担で済むこととなる。

(7) 2021年4月現在で，DPC採用病院は1,755で，病床数では約48万床で一般病床の半分を超えている（http://www.mhlw.go.jp/content/12404000/000793117.pdf，2021年10月16日アクセス）。なお，世界的には疾病ごとの包括払い方式であるDRG（Diagnosis Related Group）を採る国も多い。

(8) 2017年2月政府提出の「地域包括ケアシステムの強化のための介護保険法等の一部を改正する法律案」による介護保険法・健康保険法改正では，後期高齢者支援金と介護給付費納付金に被保険者の総報酬制が導入されている。

(9) 義務教育就学前：2割，義務教育就学後から70歳未満：3割，但し，児童については地方公共団体が更に一部負担を減じている場合が多い。70歳以上75歳未満：2割（※2014年4月以降70歳になる者から順次実施），75歳以上：1割 70歳以上の現役並み所得者：3割（ここで「現役並みの所得」とは，市・県民税課税標準額（総所得から各種控除を引いた額）が145万円以上の人が世帯に1人でもいる世帯の人）なお，75歳以上の一部の高所得者を2割負担とする閣議決定については，表2－1の注の通り。

(10) 財団法人「日本医療機能評価機構」が希望する病院の機能評価を行っている。

(11) 設置の根拠となる法律は異なり，診療所，病院及び助産所は「医療法」，介護老人保健施設及び介護医療院は「介護保険法」，薬局は「医薬品，医療機器等の品質，有効性及び安全性の確保等に関する法律」である。

(12) 保健師助産師看護師法第5条。従来一般的には看護師が実施できないと理解されてきた医療行為の一部を実施できる「特定行為研修を修了した看護師（特定看護師）」が制度化されたが，そこではこの「診療の補助」の範囲が議論された。

(13) サリドマイドによる障害児の問題が発生したとき，ヨーロッパでは承認されていたが，アメリカではこの医薬品を承認していなかったため，被害を免れた例がある。

(14) OECDのHealth at a Glance 2015によれば，人口100万人対比の台数は，CTが101台で2位の豪の54台，3位アメリカの44台を大きく上回っており，MRIも47台で2位のアメリカの36台，3位イタリアの25台を上回っている。

(15) 財政調整の方法は，現在の前期高齢者の財政調整の方法と同じである（図2－3

参照)。老健拠出金は，この図の納付金に該当する。また，市町村が給付主体とな
っていた点が後期高齢者医療制度とは異なっていた。

⒃　2017年3月22日「医療と介護の連携に関する意見交換」看取りについて資料2-
　　参考1。なお，終末期とは，「病状が不可逆的かつ進行性で，その時代に可能な限
　　りの治療によっても病状の好転や進行の阻止ができなくなり，近い将来の死が不可
　　避となった状態をいう」(日本老年医学会)。

⒄　フランスでは1999年に「緩和ケアを受ける権利に関する法律（Loi No. 99-47)」
　　が成立し，「その状態が緩和ケアと付き添いを必要とするすべての患者は，それら
　　にアクセスする権利を有する」とされた。2002年には，「患者の諸権利および保健
　　衛生制度の質に関する法律」(Kouchner 法)が成立し，患者が治療の拒絶あるい
　　は中断を決定しうる権利などが定められた。

⒅　人生の最終段階における医療の普及・啓発の在り方に関する検討会「人生の最終
　　段階における医療に関する意識調査報告書」2018年3月。

⒆　第3回病床機態情報の報告・提供の具体的なあり方に関する検討会「平成25年1
　　月11日資料5」。

⒇　アメリカの長期ケア病院の定義。日本貿易振興機構「全米における主要病院等に
　　関する調査」2017年3月。

㉑　第1回精神保健福祉士の養成の在り方等に関する検討会「平成30年12月18日資料
　　2」4頁。

㉒　厚生労働省「精神病床等に関する検討会」最終まとめ　2004年8月。

参考文献

植木　哲（2007）『医療の法律学　第3版』有斐閣。

香川知晶（2006）『死ぬ権利』勁草書房。

島崎謙治（2011）『日本の医療』東京大学出版会。

新田千春・大谷いづみ「年表」(http://www.arsvi.com/d/et-fra.htm, 2011年8月
　　3日アクセス)。

樋口範雄（2008）『続・医療と法を考える』有斐閣。

松田晋哉（2009）「フランスにおける終末期ケアの現状と課題」『海外社会保障研究』
　　No. 168, autumn, 31頁。

第 2 章の要点

- 医療法人の経営による病院が多く，また人口1,000人当たりの病床数が多くて1床当たりの医療従事者が少なく，病院勤務医や看護師等に大きな負担がかかってきていたのが，これまでの日本の医療供給体制の特徴である。
- 医師の研修制度の改革により，医師の偏在，それに伴う病院や診療科の廃止が起こったが，研修医の有給化，研修病院の選択といった長所を残しつつ，偏在の改善方策を検討・実施すべきである。
- 今後の高齢社会では，在宅医療が特に重要であり，病院への退院計画策定の義務化や在宅療養支援診療所・病院の確保・支援などが必要である。
- 終末期医療の進展のためには，患者による事前指示の法律，医師による医療の制限・中止に関する法案の制定が急がれる。
- 医療の費用は，強制保険である社会保険方式で賄われており，今後増大が避けられない保険料の増加について国民の理解を得るためには，後期高齢者医療の効率化とそれへの支援を中心として，国民の理解を求める必要がある。
- 国民皆保険の維持のためには，国民健康保険の適切な運営が重要であり，市町村に都道府県が加わった保険者の転換を有効に活用することが必要である。
- 医療保険の財源は保険料・公費・患者負担の3つである。法定給付率は原則7割であるが，小学校就学前の児童及び70歳以上75歳未満の者は8割，75歳以上は9割（現役並み所得者は7割）である。患者負担には高額療養費制度による"上限"がある。食費・居住費のホテルコストも一部は患者負担である。
- 老人保健法による老人医療は2008年3月までで廃止され，2008年4月から後期高齢者医療制度が導入された。その財源構成は保険料5割（75歳以上1.1割，0-74歳3.9割），公費5割（国：県：市＝4：1：1）である。
- 後期高齢者医療は，都道府県単位の広域連合が保険者であり，今後の都道府県単位での医療保険への一歩とも言えるものとなっている。
- 日本ではDPC（Diagnosis Procedure Combination）という支払方式が導入され，次第に採用する病院が増加しつつある。この支払方式は，世界で広く使われているDRG（Diagnosis Related Group）を日本式に修正し，入院基本料等は包括払い，手術等は出来高払いとなっている。

第 3 章	介護サービス

第 1 節　介護保険成立の背景

1　措置制度

　2000年に介護保険ができるまでは，公的介護は措置制度によって行われていた。例えば，市町村長が老人福祉法に基づき高齢者を特別養護老人ホームに入所措置をする，といった例である。措置制度とは，自治体がその公的責任を基礎に，必要な福祉サービスを，専門の施設等に委託して行う行政行為である。[1]措置決定は，受給要件の認定と，給付の可否・給付内容の決定から構成されていた。

　第 2 次世界大戦直後，連合国軍最高司令官総司令部（GHQ）は，福祉について，国，自治体の公的責任を強く求め，また，公私分離の理由から民間事業への国家の関与や補助を禁止した。それは憲法第89条として体現され，立法としては1951年の旧社会福祉事業法第 5 条の公的責任，公私分離の規定として策定された。それまでは，1932年の救護法により生活困窮の老人・児童・障害者への救貧施策が実施されていたことを除けば，民間篤志家による社会事業により福祉が進められていた。そうした中で，GHQや憲法の要請に応じつつ，公費による民間施設運営への助成を可能にし，行政庁の関与する社会福祉法人に限り助成でなく措置委託という形で，公費を使った民間の社会福祉事業の運営を可能にしたのが措置制度であった。

　措置制度は，社会保険制度と違い措置権者である地方公共団体が主体となる。費用の多くは税金で賄われ，利用者の一部負担に関しては，その負担能力（所得）に応じた応能負担が原則であった。また，実際のサービス提供者は，地方

公共団体又は社会福祉法人であった。

　介護に関する措置制度の問題点としては次のような点が挙げられる。

① 　高齢者に対する家族介護が困難な世帯が増え，公的な介護サービスが質・量ともに対応できなくなった。それが老人医療の無料化等で医療サービス（入院）により対応されたので，介護の質，医療との資源配分，公費による財政負担の点が問題となっていた。

② 　地方公共団体の一方的な行政処分のため国民に申請権はなく，介護サービスを受けられるのは行政が事業を行うことに伴う反射的利益とされた。

③ 　予算確保は義務ではなく，サービス供給量不足又は予算不足を理由に行政側がサービスを供給しないという行政裁量が認められていた。

④ 　サービス供給について供給者間の競争がなく，供給量の限界があり質の確保も軽視されがちであった。

　一方，措置制度の良い点としては，費用負担は応能負担とされ負担能力に応じて公平である，公平に運用されればよりニーズの高い者を優先できる，等が挙げられる。

　公費により，市町村が対象者を決めていく措置制度のやり方では，量的に十分ではなかったし，対象の選定が公平適切かどうかの検証もなかなか難しく，国民には要求する権利もなかった。応能負担による公平な負担というメリットもあったが，やはり量的な面でこれからの高齢化時代に耐えられるものではないと判断され，介護保険が創られたわけである。

2　介護保険の目的と基本理念

　介護保険の目的と基本理念は次の通りである。

① 　利用者の選択と事業者との契約を基本とした高齢者介護の社会化。

②　市場機構を利用した多様な主体の参入によるサービス供給量の確保。

③　利用に応じた公平な負担（応益負担）。

④　社会的入院の是正，高齢者の権利擁護。

⑤　地方自治の振興。

　この①と②は，措置制度の問題点として指摘した，措置による公的な介護サービスでは質・量ともに対応できなくなってきたことをふまえ，利用者と事業者との市場機構を通じて対応しようとするものである。③は，措置を止めたところからくる，あるいは①・②を選択したところからくる帰結でもあるが，利用に応じて1割の負担を求めようということである。④は，③の利用に応じた負担を求めること等によって，社会的入院を是正し，また，高齢者の尊厳を守る目的を明確にして権利擁護を図ろうとするものである。⑤は，本書では「自治性が強い」という言葉で表現しているが，在宅サービスにどのくらい力を入れるか，施設給付をどこまで認めるか，そのための介護保険料をいくら求めていくか等について，市町村に大きな決定権限があることを意味している。

3　発足前の介護保険への賛否

　介護保険に反対の意見には，①保険料を払えない無保険者が出る，②応益型利用料は低所得者ほど重い負担になる，③サービスを選択できるようにするには大幅な公費投入が必要である，などがあった。一方，賛成意見としては，①サービス量の増加が期待できる，②契約を前提とするので高齢者がサービスを選択できる，③利用者の権利性が強い，④中間層に過重な負担のおそれのある応能負担より受益に応じた応益負担が適当である，⑤全額公費依存方式のサービス供給と異なり財政的コントロールにより予算の伸びを抑制されることが少ない，などがあった。

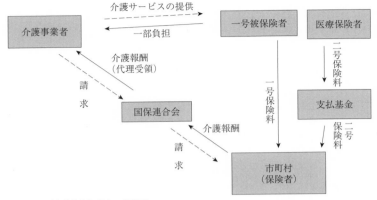

図 3 - 1　介護保険システム

出所：厚生労働省資料を一部修正。

第 2 節　介護保険制度と財政

1　介護サービスの費用

　介護サービスの費用は，現在は社会保険の方式を取る介護保険によって賄われている。介護保険は市町村を保険者とし，40歳以上の者を被保険者として必要な保険料を徴収し，要介護認定を受けた者に必要な介護サービスを提供している自治性の強いものである。(2)

2　介護保険制度の概要

(1) 基本事項──被保険者と保険者

　a)　被保険者

　介護保険制度のシステムは，図 3 - 1 の通りである。

　被保険者は40歳以上の者であり，保険料負担者でもある。給付は65歳以上の第 1 号被保険者と40歳から64歳までの第 2 号被保険者で異なり，第 2 号被保険者に対しては，加齢に伴う16の指定された疾病に基づく要介護について行われ，(3)保険料徴収方法も異なっている。そして，65歳以上の生活保護受給者は医療保

表3-1　2種類の被保険者

	第1号被保険者	第2号被保険者
対象者	65歳以上の者 （生活保護者も含む）	40歳から64歳の医療保険加入者
受給権者	・要介護者 ・要支援者	脳血管障害等の老化に起因する16疾病によるもの
保険料徴収	市町村が徴収	医療保険者が納付金として徴収
賦課・徴収方法	・所得段階別定額保険料 ・年金18万円以上は天引（特別徴収）	・健保：標準報酬×介護保険料率 ・国保：所得割等で按分

出所：図3-1と同じ。

険と異なり被保険者から除外されていない。⁽⁴⁾それらをまとめると，表3-1のようになる。

この被保険者が要介護状態になり，市町村の要介護認定を受けると，在宅の場合は，要介護度に応じた区分支給限度額を上限とする範囲内で，自らまたはケアマネジャー⁽⁵⁾がケアプランを作成し，居宅介護事業者から個別の居宅サービスを受けることとなる。その際，利用者の所得に応じ料金の10から30％⁽⁶⁾を一部負担し，事業者は，残りの70～90％を国保連合会を通じて保険者である市町村から介護報酬として得る。施設サービスの場合は，施設との契約で入所が認められれば，入所者は，一部負担と介護保険給付の対象外である食費・居住費を支払い，施設は入所者の要介護度に応じた介護報酬を市町村から受け取る，という仕組みになっている。

b）保　険　者

保険者は市町村である。区のうち東京都の特別区はこれに当たる。保険者とは，保険料を集金し給付の支払いをする主体であり，最終的に赤字のときの財政責任を負う者と定義されるが，介護保険制度は，できるだけ赤字が出ないように，出ても関係者の作る基金により補てんされる制度となっている。それは，都道府県に置かれた介護保険財政安定化基金による補てんであり，国，都道府県，市町村が3分の1ずつ出し合って，保険料収納率の低下と予想以上の給付費増を要件とする財政不足のときに保険者である市町村に対し資金の貸付また

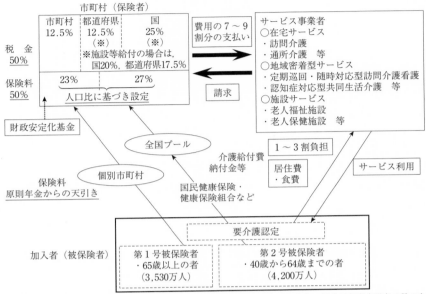

図3-2 介護保険制度の仕組み

注：第1号被保険者の数は「介護保険事業状況報告年報」によるものであり，平成30年度末現在の数である。
　　第2号被保険者の数は，社会保険診療報酬支払基金が介護給付費納付金額を確定するための医療保険者からの報告によるものであり，平成30年度内の月平均値である。
出所：厚生労働省HP「政策について→分野別の政策一覧→介護・高齢者福祉→施策情報→介護保険制度の概要」「介護保険とは」3頁に基づき筆者修正。

は交付を行う。市町村では特別会計を設けて介護保険の収支を管理している。

　c）　財政の仕組み

　介護保険制度の財政の仕組みは，図3-2のとおりである。

　このうち国の25％のうち5％部分は，調整交付金として市町村間の財政力格差是正のため増減額されるもので，高齢者の数や所得の多寡により増減され，各市町村の第1号被保険者負担分は，図3-2では23％だが国の調整交付金の額に応じ5％を加えた28％までの23〜28％の範囲（国の調整交付金の5〜0％との合計が28％となる）で変動する。したがって，例えば高所得の高齢者が多い市町村では国の調整交付金は5％ではなく仮に2％とすれば国の本来負担分20％

を合わせて国22％の負担で，第1号被保険者負担が28％から国の調整交付金2％を減じて26％となる。2006年度から国から都道府県への財源移譲等に伴って，この計算の基礎となる施設等給付費の割合が変わり，国の場合は20％，都道府県負担は17.5％となっている。在宅給付費については変わっていない。

　　d）　住所地特例

　施設への入所者の場合に，入所以前に住んでいた前の市町村と施設が所在している市町村のうち，どちらの市町村が保険者となるかが問題となるが，住所地特例の制度があり，従前の住所地の市町村が保険者となることとされている。そうしないと，施設所在地の市町村の介護保険の給付が増えてしまい，必要な施設が設置されなくなることを防ぐためとされる。この制度は，後期高齢者医療制度にもあるが，これにより非住所地への施設設置が促進されている，という反対意見がある。

（2）給付を受ける仕組み──認定

　被保険者は要介護の認定を受けた後に給付を受ける。医療と異なり，保険者である市町村が要支援・要介護であるか否かの判定を行い，認定された者だけが給付を受けられる。市町村に設置された認定審査会がコンピュータによる1次判定と主治医の意見書に基づき2次審査判定を行う。判定は申請から30日以内にされなければならない。要介護の認定は，統計データにより推計された要介護認定等基準時間によって決められる。食事，入浴等の直接生活介助，徘徊に対する探索等の認知症に伴う行為への介助等生活の5分野について要介護認定等基準時間を算出し，それに認知症加算時間を加えて要介護度を判定する。その結果のごく大まかな目安は表3-2に示した通りである。一旦決定された認定結果の有効期間は，最初の認定の有効期間は原則6カ月ただし12カ月まで延長可，要介護から要介護の更新認定は原則12カ月ただし24カ月まで延長可，となっている。

（3）給付の内容

　　a）　サービスの種類

　介護保険からのサービスの給付は，要介護と認定された者に対する介護給付と要支援と認定された者に対する予防給付である。要介護になると，完全に軽

表3-2　要介護認定の大まかな目安

非該当	介護保険による支援や介護が必要であるとは認められない。 （他の高齢者サービスは受け得る）
要支援1	生活機能の一部に若干の低下が認められる。 立ち上がりや歩行に支えが必要。
要支援2	生活機能の一部に低下が認められる。 立ち上がりや歩行に支えが必要。
要介護1	身の回りの生活に見守りや手助けが必要。 立ち上がり，歩行，排泄や入浴に一部介助が必要。 問題行動や理解低下が見られることがある。
要介護2	身の回りの生活全般に見守りや手助けが必要。 排泄や食事で全介助が必要。 問題行動や理解低下が見られることがある。
要介護3	自力でほとんど歩けないほど日常生活を営む機能が低下しており，排泄等で全般的な介助が必要。 問題行動や理解低下が見られる。
要介護4	自力でほとんど立ち上がれないほど日常生活を営む機能が低下しており，全面的な介助が必要。 多くの問題行動や理解低下が見られる。
要介護5	自力でほとんどベッドから起き上がれないほど日常生活を営む機能が著しく低下しており，全面的な介助が必要。 多くの問題行動や全般的な理解低下もあり意思の疎通が困難。

出所：筆者作成。

　快することは少なく給付が長い期間にわたることが，多くの疾病と異なるところであり，医療保険の給付より長期にわたるのが一般と言えるだろう。

　このうち市町村が指定及び監督を行うサービスである地域密着型サービスは，事業者によるサービスの中で，定期巡回・随時対応型訪問介護看護，認知症対応型共同生活介護（グループホーム），等の国が定めたメニューの中から保険者の市町村が事業者を指定でき，その市町村の住民だけが利用できる給付である点が，都道府県が指定及び監督を行う他のサービスとは異なる。

　市町村が実施する地域支援事業は，市町村が要介護認定者以外の高齢者も含めて対象として行う事業で，介護予防・日常生活支援総合事業，包括的支援事業，任意事業の3つがある（表3-3）。

　介護予防・日常生活支援総合事業は，2011年6月の介護保険法改正により創設され，地域介護予防活動支援事業などの一般介護予防事業に加え，2014年の

表 3 - 3　サービス等の種類（2020年現在）

	◎ 介護予防サービス（要支援 1・2 の者への下記の居宅介護サービス。ただし，訪問介護・通所介護を除く）
都道府県及び監督を行う政令市・中核市が指定するサービス	◎ 居宅介護サービス 　○ 訪問サービス 　　・訪問介護（ホームヘルプ）　・訪問看護　・訪問入浴介護　・訪問リハビリテーション　・居宅療養管理指導 　○ 通所サービス 　　・通所介護（デイサービス）　・通所リハビリテーション 　○ 短期入所サービス 　　・短期入所生活介護（ショートステイ）　・短期入所療養介護 　○ 特定施設入居者生活介護 　○ 福祉用具貸与，特定福祉用具販売 ◎ 施設サービス 　・介護老人福祉施設　・介護老人保健施設　・介護療養型医療施設　・介護医療院
市町村が指定および監督を行うサービス	◎ 地域密着型サービス 　○ 小規模多機能型居宅介護　　○ 複合型サービス（看護小規模多機能型居宅介護） 　○ 定期巡回・随時対応型訪問介護看護　　○ 夜間対応型訪問介護 　○ 認知症対応型通所介護　　○ 認知症対応型共同生活介護（グループホーム） 　○ 地域密着型特定施設入居者生活介護 　○ 地域密着型介護老人福祉施設入所者生活介護 ◎ 居宅介護支援（ケアマネジメント） ◎ 地域密着型介護予防サービス 　○ 介護予防認知症対策型通所介護　など ◎ 介護予防支援
市町村が実施する事業	◎ 地域支援事業 　○ 介護予防・日常生活支援総合事業 　　・介護予防・生活支援サービス事業（訪問型サービス，通所型サービス，配食・見守り等）・一般介護予防事業 　○ 包括的支援事業 　　・地域包括支援センターの運営（総合相談支援，権利擁護等）・社会保障の充実（認知症施策の推進，在宅医療・介護連携の推進，地域ケア会議の実施，生活支援コーディネーターの配置） 　○ 任意事業　・介護給付等費用適正化事業　等

出所：図 3 - 1 と同じ。

　改正で，従来は保険給付として予防給付されていた要支援者への訪問介護サービス，通所介護サービスも加えられた事業である。費用負担は，被保険者全体に利益が及ぶと考えられ，第 2 号被保険者も負担することとなっている。

　包括的支援事業は，総合相談・権利擁護などの地域包括支援センターの運営と認知症施策推進，在宅医療・介護連携推進などの社会保障充実事業を行うも

表3-4 居宅サービスの支給限度額
（月単位，2020年1月現在）

要支援1	5,032単位
要支援2	10,531単位
要介護1	16,765単位
要介護2	19,705単位
要介護3	27,048単位
要介護4	30,938単位
要介護5	36,217単位

注：1単位：10〜11.4円（地域やサービスにより異なる）。
出所：図3-1と同じ。

のであり，費用負担に第2号被保険者の保険料は入っていない。

地域支援事業の3事業それぞれの事業費の上限は，これまでのサービス量の実績や支払い費用額の実績に高齢者数の伸び率を乗じたものが基本とされている。

b）給付の仕方

被保険者は，居宅サービス事業者，介護保険施設又は居宅介護支援（ケアマネジメント）事業者からサービスを受け，一部負担金を支払い，残りの介護報酬は保険者から事業者に支払われる。ただし，ケアマネジメントには一部負担がない。

支給は，居宅サービスの場合，要介護度・要支援度に応じて区分支給限度額（単位）が定められており，表3-4の通りである。

その限度の範囲内で，利用者は自分でサービス内容を決めるか，ケアマネジャーが居宅介護支援計画（ケアプラン）を作成し，被保険者の同意を得て介護が実施される。ケアマネジメントは，日本の介護保険制度の特徴であり，ドイツも2008年の改正でこれを取り入れた。

予防給付のケアマネジメントは，ケアマネジャーではなく，地域包括支援センター（市町村が設置し，社会福祉士，主任ケアマネジャー，保健師によって構成され，2020年4月現在支所も含め約7,300カ所設置されている）が担当する。

介護保険の給付は医療保険の給付に優先するとされており，例えば要介護高齢者への訪問看護は一般には介護保険から給付されるが，末期の悪性腫瘍，急性増悪等による主治医の指示があった場合などに限定して医療保険から給付が行われる。

施設サービスの場合は，施設の種類と要介護度に応じて月ごとの給付費が施設に支払われる。介護保険施設は要介護1（ただし，介護老人福祉施設は原則として要介護3）以上の者が利用でき，介護老人福祉施設（特別養護老人ホーム），老人保健施設，介護療養型施設及び介護医療院の4種類がある。

表 3 - 5　　地域区分・サービスによる報酬単価

（単位：円）

		1 級地	2 級地	3 級地	4 級地	5 級地	6 級地	7 級地	その他
上乗せ割合		20％	16％	15％	12％	10％	6 ％	3 ％	0 ％
人件費割合	70％	11.40	11.12	11.05	10.84	10.70	10.42	10.21	10.00
	55％	11.10	10.88	10.83	10.66	10.55	10.33	10.17	10.00
	45％	10.90	10.72	10.68	10.54	10.45	10.27	10.14	10.00
その他	0 ％	10.00	10.00	10.00	10.00	10.00	10.00	10.00	10.00

注：人件費割合70％：訪問介護，訪問看護，居宅介護支援など。
　　人件費割合55％：訪問リハビリ，通所リハビリ，認知症対応型通所介護，小規模多機能型居宅介護，
　　　　　　　　　　複合型サービスなど。
　　人件費割合45％：通所介護，特定施設入居者生活介護，認知症対応型共同生活介護，介護福祉施設サ
　　　　　　　　　　ービスなど。
　　その他：居宅療養管理指導，福祉用具貸与など。
出所：図 3 - 1 と同じ。

　介護保険では医療と異なり法律的には介護サービス費の支給を原則としているが，これは，多様なサービスを受ける可能性があるため，1 種類の事業者（例えば医療機関）を前提とする現物給付である「介護サービス給付」方式は取らなかったこと，また，医療と違い「混合介護」すなわち保険給付対象と非対象サービスを共に受けられることから決められた，とされている。そして，本来の介護サービス費の支給は償還払いが原則とされるが事業者による代理受領を認め，利用者による現金支払を抑制する仕組みを取っている。

　c ）　報酬単価

　上述のように介護保険では，医療保険と異なり，保険対象サービスと保険外サービス（限度額を超えるサービスを含む）を組み合わせて利用することは，禁じられていない。これは，介護サービスがもともと「多々ますます弁ず」の性格を有するためとされる。保険者から事業者に支払われる介護報酬は市町村により 1 単位当たりの単価が異なる。1 単位＝10円が原則であるが，地域とサービスの種類によって 8 段階に異なる。その状況は，表 3 - 5 の通りである。

　d ）　報酬改定

　介護報酬の決定は，介護事業経営概況調査によるところが大きい。例えば，2004年の介護事業経営実態調査では特別養護老人ホーム（以下，特養）の利益率10.2％，通所介護の利益率は9.0％であったこと等を踏まえ，介護報酬の改

表 3-6 主な介護サービスの費用額

介護サービス	令和元年度 費用額・累計 （単位：百万円）
総数	10,245,714
居宅サービス（抜粋）	4,490,489
訪問通所（抜粋）	3,319,473
訪問介護	935,845
通所介護	1,285,034
通所リハビリテーション	411,390
短期入所（抜粋）	485,209
短期入所生活介護	427,521
特定施設入居者生活介護（短期利用以外）	562,854
居宅介護支援（抜粋）	476,832
地域密着型サービス（抜粋）	1,798,646
認知症対応型共同生活介護（短期利用以外）	700,313
施設サービス（抜粋）	3,479,746
介護福祉施設サービス	1,911,784
介護保健施設サービス	1,334,118

出所：厚生労働省「令和元年度介護給付費等実態調査の概況」図
表データ表6に基づき筆者作成。

定内容が決定された。介護報酬は，厚生労働省社会保障審議会介護給付費分科会で決められた案を基に大臣が決定している。

e）　給付等の実績

①　費用額　保険給付額と利用者負担額の合計である費用額は，2019年度で介護予防サービスが約2,638億円，介護サービスが約10兆2,457億円であり，その主なサービスごとの内分けは表3-6のとおりである。

②　要介護認定率

2019年度の介護保険事業状況報告（年報）によれば，第1号被保険者に占める要介護（及び要支援）認定者の割合（認定率）は，2020年3月末現在18.4％である。

③　地域差　介護認定率と1号被保険者1人当たり給付費には，第1位と最下位の都道府県では，それぞれ約1.4倍程度の差がある。1位と最下位の都道府県は毎年変化するが，あまり大きな差は，介護保険の運営としては望ましくないであろう。

（4）負担──保険料など

a）　保険料の設定

保険料は世帯単位ではなく，個人単位で，所得に応じて保険料が異なる所得段階別定額保険料となっている。ここでの所得は，市町村民税の課税状況等によって段階に分けられる。第1号被保険者の場合，市町村によって保険料額は

異なり，所得段階に応じても異なる。すなわち，所得段階別に9〜16段階に分け，市町村民税本人非課税の者を第5段階として1の基準保険料として，生活保護受給者は基準保険料×0.5，住民税納税者は基準保険料×1.5などとしている。2021〜2023年度の第8期計画期間の全国市町村の加重平均額は月額6,014円となっている。第2号被保険者の場合，医療保険料に上乗せして医療保険の保険者が徴収し，支払基金を通じて各市町村に分配される。例えば2021年の協会けんぽでは，上乗せ保険料率は1.80％であった。徴収は，2020年から被用者保険の中では人数ではなく報酬額に比例する総報酬割となっている。

　b）　一部負担

　介護サービスを受けた際に一部負担を払う必要があるが，所得によって，また高額介護サービス費の対象となるかによって，総介護サービス費に対する負担が異なっている。所得による一部負担は，2020年1月現在で，一般所得者1割，一定の所得以上の者2割，更に所得の高い者は3割負担とされている。それに加え，介護保険施設入所時には食費負担や居住費負担があり，国は標準的な費用の額（基準費用額）を定めている。

　c）　低所得者の食費・居住費

　施設サービスについては，在宅の要介護者との均衡等から2005年から食費，居住費（部屋代）を徴収するようになったことから，その負担ができない一定の資産のない低所得者には補足給付（特定入所者介護サービス費）として一定額の保険給付がなされている。例えば食費では基準費用額4.2万円のうち，第1所得段階で一定の資産のない者の負担は1万円で，差額の3.2万円が補足給付される。社会福祉法人により，特に生計が困難な人に対してその利用料を2分の1に減らす措置が取られている市町村も多い。税制優遇を得ている社会福祉法人には，期待される機能といえよう。

　d）　高額介護サービス費

　さらに，医療と同様に高額介護サービス費制度があり，区分支給限度額以内での定められた一定額以上の自己負担については，利用者の所得に応じて返還される。高額医療費との合算制度もある（高額医療・高額介護合算制度）。

（5）介護保険と自治性

　市町村は3年を1サイクルとする介護保険事業計画を定め，その間は同額の保険料を徴収し，3年間で収支バランスを取る。都道府県は介護保険事業支援計画を定め，国は介護の基本指針を定めることによって，いわば介護の工程表を作ることになっている。

　介護保険は自治性の強い制度であり，市町村が地域密着型サービスを実施する他にも，市町村の第1号被保険者の保険料により，例えば区分支給限度額を超えた介護サービスについても上乗せして支給し，国の介護報酬では支払われないサービス（おむつサービス，配食サービス等）もいわゆる横出しサービスとして行うことができる。これに対して，住んでいる市町村によって受けられる介護サービスに差があるのは不公平だ，という意見があるが，これは，市町村の努力を認めない結果となり，それならむしろ年金のように国の法定受託事務として一律に行うべきだということになって，自治事務として定められた法律の趣旨に反することになろう。

　さらに，介護保険施設や特定施設の指定を認めるか否かの権限は，地域密着型サービスの場合は市町村，それ以外の施設は都道府県が有し，自分の地域内の供給量も管理して，介護保険の受給バランスを取ることができる仕組みになっている。

3　介護保険の実施体制

　ここで，介護保険の実施体制をまとめておく。介護保険の保険者は市町村である。第1号被保険者（65歳以上）の保険料は市町村が設定・徴収するが，全国の第2号被保険者（40歳以上65歳未満）の保険料は医療保険者から社会保険診療報酬支払基金に集められ，各保険者（市町村）に配分される。これは介護給付費交付金と呼ばれている。介護事業者等への介護報酬の審査・支払いは，市町村の委託を受けて，各都道府県の国民健康保険団体連合会が一括して行う。

　在宅サービス事業者の指定は，都道府県知事が事業者の申請により事業所単位でサービスの種類ごとに行う。介護施設の指定も都道府県知事が行う。地域

密着型サービス事業者の指定は市町村長が行う。

　要介護認定には，市町村の介護認定調査員による訪問調査及び医師の意見書に基づく1次判定と，市町村に設置される介護認定審査会での2次判定の2段階で行われる。この介護認定審査会は市町村長が任命する保健・医療・福祉の専門家や有識者で構成される。

　要介護認定や介護保険料の決定など，介護保険の保険者である市町村が行った行政処分に対する不服申立て（審査請求）の審理・裁決を行う第三者機関として介護保険審査会が各都道府県に置かれている。

4　現行介護保険制度の課題

　介護保険制度は，施行されてから20年以上が経ち，国民から相当大きな支持を受けてきた。しかし，一方では制度に対するいろいろな不満があることも事実である。こうした不満の中には，保険制度であることを十分理解していないため，例えば介護保険を利用しない人が介護保険料を払うのは不公平だ，あるいはそこまで言わなくても，「元を取れない」といった意見があり，市町村等が介護保険の仕組みの広報により努めるべきと考えられる。一方，高齢化のますますの進展で必然的に起きてくる次のような課題に対しては，それぞれ適切に対応していくことが求められている。

（1）介護財源の確保——介護療養病床の再編に関係して

　介護療養病床は，2017年に成立した介護保険法改正により，介護保険施設の一つの介護医療院として，事実上残されることとなった。したがって，介護保険からその給付費が支払われることになったのであるが，これから介護財源の面からもその不足していくのが明らかな中で妥当な方策であろうか。もともとは，2006年の医療費改訂に当たり，医療保険で支払われる療養病床を3区分し，調査の結果それほど医療を必要としない区分1の者が多く入っている医療療養病床の診療報酬を大幅に下げるとすることから，療養病床の再編の話が始まっている。その時，介護療養病床にも同様にそれほど医療を必要としない者が多かったので，介護報酬もそれに合わせて大幅に削減すれば，それこそ介護難民

が出てくる恐れがあったため，医療を必要とする者は医療療養病床に入院して
もらい，6年をかけて医療をさほど必要としない者のための介護療養病床を介
護施設に転換してもらおうとしたものであった。したがって，なお介護保険施
設として残るというのであれば，介護保険の財政を守るためにも，介護老人福
祉施設（特養）以下の報酬で存続してもらうしかない。一部の介護療養病床は
特養より処遇が良いというが，特養より高い介護報酬を取ってきたのだから当
たり前である。今後の介護費の高騰を考えれば，少しでも節減していかなけれ
ばならない。

　地域医療構想に基づく病床機能報告では，一般病床と療養病床を高度急性期，
急性期，回復期，慢性期の各機能に分けて4機能の病床に分化させるとしてい
る。今回の介護医療院の創設は，4機能の病院・診療所の次に医療提供施設と
して位置づけられている介護老人保健施設との間にさらに介護医療院を位置付
ける，というものであり，医療・介護の施設体系上，屋上屋を架する以外のな
にものでもない。どうして，このような結論になったか。不必要な形態の事業
はリストラして介護財源を確保していかなければ日本全体の社会の未来はない
のに，余りにも既得権擁護の視点に囚われた改正で，大変残念である。

　参考までに，スウェーデンでは，1992年のいわゆるエーデル改革において，
医療サービスとしての長期療養病床を廃止して，社会サービスとしてのナーシ
ングホームなどの24時間サービスの施設に変更したのに加え，職員はいるが日
中のみで夜間は巡回サービスで対応するサービスハウスなどの高齢者の「特別
な住宅」に改編していった。医療費を抑え，介護に回していったのである。

（2）認知症の判定

　要介護認定における認知症の介護認定調査の方法は，徐々に認知症テストの
方法が研究されてきており，一時的なその場の対応で認知症が非常に軽くまた
は重く判定されるということはなくなってきているが，引き続き研究検討を要
する課題である。

（3）生活援助の可否

　同居家族がいる場合の生活援助の訪問介護サービスについて，制限しすぎだ

との意見も出されているが，国の指導は，同居家族がいることだけで不支給とせず，個々の利用者の状況に応じて支給の可否を決めることとされており，要は保険者である市町村の適切な判断が求められるということになろう。

（4）個々の事業者の状況

介護報酬の引き下げは，前年の介護事業経営実態調査に基づき，相当利益率の高いサービスが対象とされるのであり，経営状況の苦しいサービスはむしろ維持又は引き上げが行われている。引き下げ対象の中に経営状況の苦しい事業者がある，といった場合には，その原因と対処方法を個別に考える必要がある。

（5）苦情からの制度改善

介護保険に係る要介護認定などの市町村の行った行政処分に対する不服は，既に述べたように介護保険審査会に対して行う。一方，介護事業者のサービスに関する苦情を受け付ける窓口である各都道府県の国民健康保険団体連合会の苦情対応の結果の公表と，必要な場合のそれへの解決策の提案は，積極的に行っていくべきであり，それによって，サービスの質の向上を図っていかなければならない。例えば高齢者のおしゃべり相手となることは高齢者の孤独対策だから，介護報酬を認めるべきだ，という提案をどう考えるべきであろうか。これは，孤独対策とそうでない単なる雑談との区別が付かないこと，おしゃべりに皆の保険料・税金を使うのは適当でない，と考えられるから対象とはしにくい，という反対意見が出るだろう。グループホームは9人のユニットでなく，15人くらいのユニットにするのは，どうしてだめなのだろうか。これは，1人の介護職員のケア能力から割り出されたと考えられ，どこかで線を引く必要からも一応の基準とされていると考えられよう。

このように，一方から見ると不合理なように見えても，他の理由により合理的だ，ということが往々にしてあるので，利用者の要望とそれへの対応の経緯，基準の設定理由を明らかにしていくことが，制度全体への支持を得ることにつながろう。

（6）地域区分・サービスによる報酬単価

自治性を重視した介護保険の精神により保険料を取れればサービスの維持・

拡充はできるが，保険料を上げ（られ）ない市町村も多い。介護報酬の１点単価の地域差は，さらに精査して賃金や物価の差を反映するようにしていくべきであり，それによって都市部での介護不足に対応していく必要がある。

（7）ケアマネジャーの所属

多くのケアマネジャーがいずれかの居宅サービス事業者の事業所に所属していることは，その事業者のサービスを多用するので公平で利用者に最も効率的で有効な介護サービスを提供しているのか，という議論において問題として浮上してくる。いずれの事業所にも所属しない独立系のケアマネジャーも一部存在し，介護報酬でもそれを助長していくように設定されているとも考えられるが，当面の現実的解決方法としては，事業者の役員等からケアマネジャーへの自社サービス利用指示の禁止，といったところであろうか。

5　今後の介護保険制度の展望

介護保険の維持・向上のためには，なんといってもそれを賄える財政が構築できるかが課題である。各種世論調査では，社会保障の維持・向上のためなら費用負担してもよい，としている国民が過半数を占めるのだから，政治がその方向に向かうような手立てを関係者みんなで考え，以下のような点に留意して実行していくことが必要である。そうすれば，介護保険財政，そして介護保険給付の今後の展望には，明るいものがあろう。

（1）広報の充実

著しく高齢化が進んでいる日本において，介護保険の皆保険体制の維持のためには保険料の引き上げが必要であり，そのためには国民の理解と同意を得るよう十分広報していく必要があり，マスコミの協力も求められよう。

（2）大都市部の高齢化

東京都，埼玉県，神奈川県および千葉県等の高齢者人口の推移は，表３-７の通りである。要介護となりやすい（65〜74歳4.3％，75歳以上32.2％の要介護認定率）75歳以上人口の増加数は，上位５都府県では東京都以外の府県で65歳以上人口の増加数よりも多いことが予測されている。今後20年間は確実に大変な介

表3-7　主な都道府県別の75歳以上高齢者人口の推移

	2010年75歳以上 高齢者人口（万人）	2030年75歳以上 高齢者人口（万人）	増加数（万人）	増加数順位
東 京 都	123	203	80	1
神奈川県	79	155	76	2
大 阪 府	84	155	71	3
埼 玉 県	59	124	65	4
千 葉 県	56	114	58	5
徳 島 県	11	15	4	43
山 形 県	18	22	4	44
高 知 県	12	15	3	45
鳥 取 県	9	11	2	46
島 根 県	12	14	2	47
全 　 国	1,419	2,278	859	

出所：『日本の地域別将来推計人口-平成25年3月推計-平成22（2010）～53（2040）年』国立社
会保障・人口問題研究所，27頁をに基づき筆者作成。

護ニーズが続く地域だ。

（3）高齢単独世帯の増加

　高齢単独世帯は，2005年の387万世帯から2025年には673万世帯へと290万世帯，70％以上増加すると見込まれ，その人々の介護の重度化対応も含めた在宅サービスの充実が必要である。そのためには，定期巡回・随時対応型訪問介護看護，365日の配食サービスなどが整えられなければならない。

（4）サービス付き高齢者住宅（サ高住）

　集住型の住宅に外付けの介護・医療サービスを付けていく方向を検討すべきであろう。具体的には，厚生労働省と国土交通省が協力して，高齢者の居住の安定確保に関する法律等が改正され（2011年4月成立），一定の基準を満たした高齢者専用住宅が，サービス付き高齢者向け住宅（サ高住）として位置づけられた。これは，入居高齢者の状況把握サービス，相談サービス等の福祉サービスを行い，一定の義務を順守する事業者の登録を受け付け，老人福祉法に基づく有料老人ホームの届け出を免除し，整備のための交付金を交付しようとするものである。2011年6月の介護保険法の改正による定期巡回・随時対応型訪問介護看護，配食サービス等と組み合わせたサービスができるサ高住は，365日

24時間対応の地域包括サービスの重要な担い手と期待されるものである。

（5）被保険者の拡大の検討

　介護保険制度の将来的なあり方としては，年齢や要介護となった理由を問わず，すべての介護ニーズに対応する「保険制度の普遍化」を目指すことが方向として考えられる。被保険者の対象年齢を40歳よりも下げていくことについては，税金による障害福祉制度の充実も勘案しながら検討されることが望まれる。

　なお，現行の介護保険制度と障害者福祉制度の適用関係については，次のような仕組みになっている。

　　①　両制度に共通するサービスについては介護保険制度を優先。
　　②　介護保険制度にないサービス等については障害者福祉制度を適用。

　実際に，既に65歳以上の高齢障害者については，こうした「組み合わせの仕組み」が適用されている。また，すべての介護ニーズに対応する「保険制度の普遍化」を目指すのは，若年層に負担を求めることに納得が得られるかどうか，保険料の滞納や未納が増加しないか，若年層の介護リスクを保険制度で支えることに理解が得られるかといった点にも留意する必要がある。

（6）防災対策

　防災対策も重要であり，急速に数を増やしたグループホームや，身体の不自由な者の多い特養では特に重要である。施設の設計面での配慮とともに，地震，火事等の場合に近隣住民の支援も得られる体制を取っておくことも重要であろう。

（7）ドイツの介護保険

　ドイツの介護保険制度と日本の制度は，給付対象者の範囲（全国民か，主に65歳以上か），給付対象となる要介護度の範囲（中程度以上か，要支援まで含むか），家族への現金給付の有無，支給額の大きさ，などで異なっているが，今後の制度を考えていく上では，ドイツの介護保険の動向はやはり参考になろう。

┌─── コラム　ドイツの公的介護保険──日本との類似点・相違点 ───┐

類似点

・介護給付は在宅給付と施設給付があり，要介護状態に応じて相応の給付が支給される。

・在宅介護が優先で，在宅介護が不可能な場合に施設介護が提供される。

・介護認定は家族介護の有無にかかわらず，要介護状態の程度によってのみ決定されることとなっている。

相違点

・公的医療保険の加入者及び社会扶助等の受給者は公的介護保険に加入し，約10%の高所得者である民間医療保険の加入者は民間介護保険に加入する。

・子どものいない被保険者の保険料率は子どものいる被保険者より0.25%加算されている。

・給付は保険料だけで賄われている。利用時の一部負担もない。

・在宅介護給付には現物給付（介護要員の派遣）と現金給付の選択が認められ，両者の組合せも可能である。

・介護保険は必要とするサービスをすべてカバーしているわけではないし，また，要介護状態のすべてをカバーするものでもない。

・同一の要介護状態なら，住んでいる地域にかかわらず同一給付が原則である。

・家族による介護を支援する一環として，介護している人への社会保険からのサポートが充実している。

・施設入所者の医療費を介護保険が負担している。

└─────────────────────────────────────┘

第3節　介護提供体制

1　介護提供の主体

　介護提供体制は，経営主体が公的な法人と営利法人を含む民間法人の混合体制となっている。ただし，介護保険施設の経営主体は，当初地方公共団体や社会福祉法人に限られていたのが徐々に拡大されつつあるが，営利法人は認められていない。また，介護事業に対して介護保険によって費用が支払われるかどうかは，基本的には地方公共団体の指定を受けられるかによって決まる。

　介護提供体制は，本来は介護保険の給付とは別の概念であるが，本節では介

護保険給付が行われるものに即して説明する。

　2016年の（財）介護労働安定センターの調査結果では，経営主体は，居宅サービス（訪問系）の66％が民間企業で，施設・居住系サービスの31％が民間企業，44％が社会福祉法人，17％が医療法人であった。

2　介護提供体制の概要

（1）サービス提供事業者の指定

　介護提供事業者は，大きく分けると居宅サービス事業者と施設サービス事業者に分かれる。ただし，介護保険の給付では，一般には施設サービスと考えられるもののうち介護保険施設でない例えば特定施設である有料老人ホーム等の入居者への給付は，居宅サービスとして扱われており，これらは居住系サービスと呼ばれている。

　居宅サービス事業者及び居住系サービス事業者が介護保険給付を受けるには，地域密着型で市町村の指定を受けるものを除き都道府県の指定を受ける必要があり，そのためには「人員・設備及び運営基準」を満たす必要がある。居宅サービスは大きく分けると，事業者が利用者の自宅を訪問する訪問型，利用者が事業所に通う通所型，利用者が短期間だけ施設に宿泊する短期入所型，及び福祉用具貸与がある。

　施設サービスは，介護保険施設によって提供されている。

（2）介護保険施設

　4種類の介護保険施設のうち，介護老人福祉施設は老人福祉法に基づく都道府県の認可を得た上で介護保険法の指定を受ける必要があり，老人保健施設と介護医療院は介護保険法の許可を受けるだけでよく，介護療養型医療施設は医療法に基づく都道府県の許可と介護保険法の指定を受ける必要がある。指定を受けるためには，人員・設備及び運営基準を満たす必要があり，許認可を得るためには加えて施設基準を満たす必要がある。以下，それぞれについて詳述する。

　a）　介護老人福祉施設（特別養護老人ホーム）

　老人福祉法にこの施設を設置できる者が定められており，地方公共団体関係

以外には，社会福祉法人及び農協厚生連が都道府県知事により認可されると設置することができる。ただし，都道府県老人福祉計画に定める必要入所定員数に達しているときは，認可されないこともあり得る（老人福祉法第15条）。

この認可に加えて，都道府県知事により指定介護老人福祉施設（30人以上の場合）の指定を受けたもの，又は市町村長により地域密着型老人福祉施設（29人以下の場合）の指定を受けたものに，介護保険から入居者の要介護度に応じた費用額が支払われる（介護保険法第42条の2，48条，86条）。

社会福祉法人の倒産事例が無いわけではないが，社会福祉法人に対しては都道府県による定期的な監査が行われるので，その可能性は有料老人ホームに比して少ない。

b）　老人保健施設と介護医療院

介護保険法に設置できる者が定められており，特別養護老人ホームを設置できる者に加え，医療法人も都道府県知事の許可を得て設置できる（介護保険法第94条，第107条）。介護保険法により設置されるので，設置が認められれば，別に指定を受けなくても利用者の要介護度に応じた費用額が施設に対し支払われる。また，医療提供施設として医療法の適用も受ける。

c）　介護療養型医療施設

医療法に設置根拠を有する病院又は有床診療所の一類型であり，都道府県知事の許可（医療法第7条）を受ける必要があり，そのうち介護保険法に基づき都道府県知事が指定した病院又は診療所に入院する者について，介護保険から施設に対し費用が支払われる（別途医療保険から費用が支払われる医療療養型医療施設もある）。ただし，都道府県内に既に設置されている定員数が，介護保険事業支援計画に定める必要入所定員数に達しているときは，指定されないこともある（介護保険法第48条，第107条）。病院の場合は医師3人以上の勤務が義務づけられ，夜間の医師配置が必要な代わりに，高額な介護報酬が支払われる施設である。[8]2023年度末で設置期限が終わり，それまでに介護医療院に転換される予定である。

（3）居住系サービス

　a）　認知症対応型共同生活介護（グループホーム）

　地域密着型サービスの一つであり，市町村長により介護保険法による認知症対応型共同生活介護のサービス事業者の指定を受けた施設に居住する者に，介護保険から費用が支払われる（介護保険法第42条の2，第78条の2）。

　要介護認定を受け，かつ認知症のある高齢者のための施設で，ユニットケアといって，一般には各室に分かれた9個室を単位として，共用の食堂が配置されている。

　b）　特定施設

　介護保険法に基づき，都道府県知事又は市町村長（介護専用型で29人以下の地域密着型の場合）による指定を受けた施設で，居住者に対し介護保険法により提供される特定施設入居者生活介護費が給付される施設と定義される（介護保険法第41条，第42条の2，第70条，第78条の2）。

　その都道府県または市町村内の総定員数が都道府県介護保険事業支援計画や市町村介護保険事業計画に定める必要入所定員数に達しているときは，指定されないこともある（介護保険法第70条）。

　都道府県知事又は市町村長から特定施設として指定を受け得る対象施設としては，次の4種がある（すべてが指定を受けているわけではないので，得るとしている）（介護保険法第8条等）。

　①　「老人福祉法」に定められた有料老人ホーム（設置者の意思にかかわらず後述する法律の定義に当てはまる施設）。

　②　養護老人ホーム。

　③　ケアハウス（軽費老人ホーム）。

　④　「高齢者の居住の安定確保に関する法律」に基づく登録を受けたサービス付き高齢者向け住宅のうち有料老人ホームに当たるもの。

　さらに，特定施設は介護保険の費用負担の上では入居前の住所地の住民とみ

なすといういわゆる住所地特例の対象となっており（介護保険法第13条），入居前の市町村が介護保険の給付を行う。

　ｃ）　外部サービス利用型特定施設

　介護保険の特定施設の類似型として，それまでのように種々のサービスを特定施設の経営主体自らが提供するのではない「外部サービス利用型」の特定施設の類型が，2006年から介護報酬支払いの一方式として設けられた。これは，当該施設が行う生活相談などの基本サービス以外の居宅サービス（例えば給食サービス）を他の事業者に委ねる形で介護サービスを供給する施設である。この施設にも，居宅介護とは異なる居住系の介護報酬が付けられ，居宅介護サービスより低い単価が適用される。

　この類型の特定施設と，独立型の高齢者の集合住宅との違いは，同じように外部の居宅サービスを利用するが，施設経営者が居住者への当該サービス提供に関与している点である。管理人に外部サービス提供事業者との使用関係等が認められたり，同一口座に集金したり，施設経営者とサービス提供事業者との資本関係などがあれば，外部サービス利用型特定施設と認定されるべきであろう。

　それぞれの第7期介護保険事業計画中の2019年度の介護保険施設および居住系サービスの年間実受給者数は，表3-8の通りである。

　この中では，特定施設数の増加が著しいのが特徴である。

表3-8　主要な介護関連施設サービスの受給者数（2019年度）

施設名	年間実受給者数（人）
特別養護老人ホーム	703,100
老人保健施設	568,300
認知症グループホーム（短期以外）	258,500
特定施設（〃）	286,800

出所：厚生労働省「令和元年度介護給付費等実態統計の概況」。一度でもサービスを受給したことのある者の数。

（4）地域包括ケア

　高齢者に対し，日常生活の場において①介護②介護予防③医療④生活支援⑤住まいの5つのサービスを提供できるような地域での体制である地域包括ケア

の推進が求められている。居宅サービスに加え，介護保険施設の地域への開放，連携する地域密着型サービスなども始められている。地域包括ケアの中心となるべき機関として，市町村により地域包括支援センターが設けられている。地域包括支援センターは，市町村又はその委託を受けた法人により運営され，高齢者3,000～6,000人ごとに3人の専門職種（保健師，社会福祉士，主任ケアマネジャー）が配置されて，介護保険法に基づく地域支援事業を実施している。2020年4月現在，支所も含め約7,300カ所のセンターがある。

　地域包括支援センターでは2006年から成年後見などの地域支援事業が行われてきたが，2014年の医療介護総合確保推進法を契機に，地域支援事業のメニューの一つとして「在宅医療・介護連携推進事業」が実施されることとなったので，地域包括支援センターが地域の医療機関を巻き込んで，在宅での介護から看取りまでが実施しやすくなることが期待される。

　高齢者が単独又は夫婦・親子の2人で死亡する孤立死については，公的な体制だけではカバーしきれない対応が必要な部分を含んでおり，近隣の住民による見守りなどにより地域での（社会保険による給付でない）インフォーマルなケアを行っていくことも重要になっている。

3　現行介護提供体制の課題

（1）特別養護老人ホーム

　特別養護老人ホーム（特養）は不足しており，2019年12月の集計では特養の申込者数が要介護3～5で29.2万人で，在宅以外に居住している者が約6割，要介護2以下の者は別に約3万人と推計されている。しかし，本当に特養に優先して入所すべきと考えられる要介護4または5で，在宅において待機している人は6.1万人程度と推計される。

　2005年10月から介護保険施設入所者は，在宅との均衡から食費・居住費を自己負担しなければならないようになり（これが2005年の介護報酬基準減額の大きな理由だった），またもう一方では個室化が進展してきていることなどから，特養は，特定施設の指定を受けた有料老人ホームに近づいてきている。

　その結果，費用負担面と介護面の両方から，特養と特定施設指定のある有料老人ホームとの間の公平かつ合理的な役割分担を考える必要が増してきた。すなわち，同様に重い介護度の場合に，一方の人は総体的に負担の少ない特養に入居でき，他方の人は負担が多い有料老人ホームに入居せざるを得ず，かつ有料老人ホームは稀であるとはいえ倒産の可能性が特養に比して多い点や，重度になってから介護が受けられる確実性が特養に比して少ない場合もある点が問題となってきた。こうした状況で，これまでのままの特養と有料老人ホームの関係を続けながらそれぞれを増加させていくことは，要介護者への必要な介護サービスを提供できない可能性又は不公平感を拡大させていく可能性があり，どちらか一方又はそれぞれのあり方を変更していく必要があると考えられる。特養はもともと貧困者のための養老院が，1961年の老人福祉法の制定時に一般国民向けのものになった施設の一つであり，2000年度の介護保険発足からは，すべての介護保険被保険者のための施設になった。しかし，高所得の人で施設サービスを利用している者の比率は，低所得者の人の半数以下との研究がある。[11]2005年の食費・居住費の自己負担以降，世帯分離など，いわば人為的な手段により低所得とされる者の割合が増えているとも言われており，自治体が特養の建設に消極な理由となっているとも伝えられる。

　国及び自治体の補助を得て設置・運営されてきた特養は，一般には介護面で一定のレベルが維持されており，費用面でも有料老人ホームと比べれば入居者の負担が軽くなっているが，仮に介護保険料を支払ってきた貧困者以外の者が入所しにくいとすれば，40歳以上のすべての者に強制加入を義務づけている社会保険制度である介護保険としては大きな問題である。

　しかし，生活保護についての実態調査によれば，[12]介護老人福祉施設に入所して介護扶助を受けている被保護者は，2万2,133人で同年の50万44人の介護老人福祉施設利用者の約4.4％であり，保護率（1.7％）より高いものの，これを理由に入居優先順位の再検討を要するとまでは言えないのではなかろうか。

（2）有料老人ホーム

　有料老人ホームは2019年現在で，特定施設の指定を受けていないものも含め

ると１万5,134カ所あり入所定員は約58万人となっているが[13]，2005年の老人福祉法の改正で入居者10人以上といった人数要件が廃止されるとともに，提供サービスは食事の提供に限らないこととされ，１人でも高齢者がいれば，①入浴・排泄又は食事の介護，②食事の提供，③洗濯・掃除などの家事，④健康管理のいずれかのサービスを実施する施設はすべて有料老人ホームとされ，都道府県知事に対し届出を要することとなったと解される（老人福祉法第29条）。

　したがって，上の要件に当てはまるものは，届出を要するにもかかわらず実際には届出していないものも法律上は有料老人ホームであり，届出のない場合は罰金がかかるとともに，都道府県知事は施設への立ち入り権限を有する（老人福祉法第29条，第40条）。

　つまり，自らが一部のサービスをしていないから有料老人ホームではない，という言い逃れはできなくなったのである。上記のサービスをまったくしていない，というのであれば有料老人ホームには当たらないが，管理人にいずれかのサービス提供事業者との使用関係等が認められたり，同一口座に集金したり，賃貸者とサービス提供事業者との資本関係などがあれば，有料老人ホームと強制的に認められる。

　有料老人ホームに当たると解釈されると防火設備などの基準が厳しくなって，居住する生活保護受給者に対する生活保護費では賄えなくなるから有料老人ホームと解釈すべきでない，などと言うのは，主客逆転した話である。安全は生活保護の被保護者にとっても大切であり，本当に必要な安全措置はどの程度なのかの検証はなされるべきであるが，立ち入り権限を実際に行使するなど有料老人ホームとしての法適用は特にしっかりなされなければならない。

（3）在宅サービス

　そもそも，食事の準備がおぼつかなくなり始めたら食事サービスが受けられ，要介護度が増えていけばそれに応じて介護も厚くなっていき，介護度が増えなければそのまま重度の介護サービスなしに死んでいけるような住居群（ドイツでの実際の例では，全体として相当の規模を必要とすることになる）が，一つの理想であろう。しかし，年を取ってから誰が重介護を要するようになり，誰が要し

ないかがわからないことを前提とすれば，この理想のために，自宅を売却した資産をつぎ込んで利用する特定施設等に居住する人がいる一方，自宅を持ちつつ要介護度が重くなったら介護保険施設を利用する人がいる，というのは，結果的には不公平を生じる可能性がある。この不公平是正のため，イギリスのように施設入所のための資産調査をやるか，それとも，介護老人福祉施設に入居を希望する者で自宅のある者には，負担金額の上乗せをするべきであろうか。

　しかし，介護保険料は，要介護になる前から所得段階に応じて支払ってきており，介護給付が必要となったら資産調査なしに介護保険施設に入れることこそが，社会保険としての介護保険の役割である（市町村は，高所得者には所得段階別保険料によって一般の1.5～7倍の保険料負担を求めている）。したがって，資産調査をすることも，特養入所時の上乗せ負担も不合理であろう。むしろ，その高齢者が住む市町村の在宅サービスの状況（例えば定期巡回・随時対応型訪問介護看護サービスが利用できるか）に応じて，特養入所者の順番を不公平なく決めていくこと，入居できなかった者には24時間の在宅介護サービスを提供できるようにすることが重要であろう。

　もう一方で，こうした市町村の努力を軽減する意味で，有料老人ホームに入居する人のために，その後何年続くか不確定な入居期間の介護サービスの提供を，公的な機関が何らかの形で保証あるいは補完する方向で，その公平性を図ることも検討する必要があると考えられる。

（4）介護の現場での医療行為

　介護提供過程において痰の吸引等医療行為とされている行為を在宅や特養の要介護者に対し介護職員等によって行ってほしいという要望は強く，これまでも，法の運用として一定程度認められてきた。[14] しかし，問題が発生した場合の責任を恐れて居宅サービス事業者等が実施に消極的である場合も多かった。そこで，一定の追加的な研修を前提に，たんの吸引と経管栄養の管理を介護福祉士等に法律上も実施を認める法律が2011年6月成立，公布され，2012年4月から施行された。[15]

4　今後の介護提供体制の展望

（1）サービス付き高齢者向け住宅（サ高住）

　今後の高齢者人口の著しい増加を考えると，在宅での介護サービスを充実していかなければならないのは自明であるが，単独世帯の増加がこれまた著しい大都市部では，一定の施設サービス又はこれに準ずるような介護サービス付きの高齢者住宅の増加が必要である。

（2）特養の経営主体

　特養の経営主体は，当初地方公共団体や社会福祉法人に限られていたが，徐々に拡大されつつある。例として，農協厚生連が2007年に法律で認められ，2011年に厚生労働省から提案された法律案には社会医療法人を加える案になっていた（ただし，衆議院審議で削除されたため，社会医療法人には認められない）。今後，特養を増やしていくのか，重度要介護者も在宅で介護できる居宅サービスを充実させていくのかは市町村の判断であるが，特養の経営主体を拡大することは市町村の選択肢を増やす意味で望まれるであろう。

（3）事業者の指導監督

　公的な財源を不正な仕組みで請求したコムスンの事件を受けて，事業者の本部への立ち入り権限の創設や不正事業者の処分逃れの防止を内容とする事業者に対する指導監督が強化される改正介護保険法が2008年から施行された。これらの規程の適切な運用により事業者の健全な発展を目指していくべきである。

（4）施設サービスにおける医療

　介護提供体制特に施設サービスについて，医療サービスとの連携を強化する観点から再整備する必要がある。すなわち，現在の施設サービスでは，複数の疾病を有する高齢者も多く居住する施設内では，乱診乱療になるおそれもあることから，施設内における医療行為には診療報酬が認められていないが，いわゆる外部サービス利用を認めていくことが考えられる。その場合は，施設の種類に関係なく介護体制に応じた介護報酬と，外部利用による診療報酬とが支払われることになるべきだろう。そして新型の感染症への対応を考えれば，非常勤の医師の活動を工夫し，それをルール化して，特養だけでなく老人保健施設

にも拡大して介護保険施設の常勤医師を減らし，医師を急性期病院に回していくことも検討すべきだろう。

　また，時々医療が必要といった状態の者を現在の介護医療院のような医療従事者が多くいる施設に入所させるのであれば，その費用を低く抑えないと介護財源の不足を招く恐れがあるのは，既に述べたとおりである。

（5）介護事業者の公募

　市町村単位で介護事業者を一つに特定し，効率的に経営できる介護事業を実施していくような，要すれば独占禁止法の適用緩和の実践も重要である。

　この考え方に基づくものとして，2011年6月の介護保険法の改正により，定期巡回・随時対応型訪問介護看護等が実施されることになった。すなわち，見込み量の確保および質の向上のために特に必要があると認める時は，市町村長は一定期間（最長6年間），一定の定める地域に限って，公募によって独占的に一つの地域密着型サービス事業者を指定できることとなった（介護保険法第78条の13）。

第4節　介護マンパワー

　日本では特に都市部において著しい高齢化が見込まれ，今後急速に介護需要が増加していき，それに伴って介護マンパワーの確保が最大の課題となってくる。

1　介護マンパワーの現状と予測

（1）現　状

　表3-9の通り介護事業所の職員は2000年に55万人，2019年で211万人に増えた。この間，利用者数は，居宅125万人施設62万人から，居宅401万人施設130万人へと増えている。介護事業所数は，2000年10月時点で訪問介護9,833，介護保険施設1万992であったが，2019年10月には訪問介護3万4,825，介護保険施設1万3,649にそれぞれ増加した。こうした中で2019年の有効求人倍率は

表 3-9　介護マンパワーの状況

年	2000	2019
介護職員数（万人）	55	211
介護福祉士登録数（万人）		169
うち非在職者数		81
利用者数（万人）		
居　　宅	125	401
施　　設	62	130
事業所数		
訪問介護	9,833	34,825
介護保険施設	10,992	13,649
有効求人倍率		4.32

出所：厚生労働省報道発表資料「第8期 介護保険事業計画に基づく介護職員の必要数について 2021年7月、同省「令和元年度 介護給付費等実態統計の概況」、全国社会福祉協議会「Action Report 第177号」2020年9月。

4.32で，依然として介護マンパワーに対するニーズは高い。国内介護福祉士の2019年の登録者169万人のうち在職していない潜在者は，81万人（48％）と推計されている（厚生労働省「令和元年介護サービス施設・事業所調査の概況」，社会福祉振興・試験センター「登録者数の資格種類別〔年度別の推移〕」2019年度）。

（2）需要予測

　社会保障国民会議（2008年[16]）の予測では，介護職員（看護師，OT・PTや介護支援専門員を含まない）は2025年には212〜255万人必要とされていた。2021年7月の第8期介護保険事業計画の介護サービス見込み量等に基づき，都道府県が推計した介護職員の必要数は，2025年度には約243万人，2040年度には約280万人とされている。

（3）平均的な事業者像と給与

　訪問介護事業者の平均的な事業者像は，職員数7.9人，非正規社員70％，介護福祉士3.7人である。介護老人福祉施設事業者では，職員数44.8人，正規社員60％，介護福祉士18人が平均である（2017年介護サービス施設・事業所調査の概況，2019年度介護労働実態調査）。

　現行介護報酬では，キャリアパス要件の充足度に応じてI〜IVの介護職員処遇改善加算を付けることができる。さらに，事業所のヘルパーの介護福祉士などの有資格者の割合が多い場合は，特定事業所加算が付き，より多額の介護報酬が得られるようになっている。介護給付費準備基金[17]の取り崩しによる介護保険料の上昇抑制の他，公的資金の交付による介護従事者の処遇改善のための施策も実施され，介護従事者の給与は上がってきている（2009年からの10年間で月

額給与5.7万円増加）。

　「介護従事者処遇状況調査」（2020年）では，全事業者の59％が取得している特定処遇改善加算が付いた事業所の常勤の介護職員の平均給与額は，32.55万円であった。なお，「賃金構造基本統計調査」（2019年）によれば，産業全体では30.8万円，医療・福祉職で28.5万円であった（ただし，医療・福祉職の男は33.9万円，女は26.2万円）。給与の決定要素は，介護報酬による事業者収入とそのうちどのくらい労働職員に回せるかという労働分配率によると考えられる。

2　介護マンパワーの確保

　先にも述べたように，2008年に出された社会保障国民会議の最終報告書の関連資料である「医療・介護費用のシミュレーション結果」によれば，2025年に212～255万人必要とされるから，2019年の211万人に加えてさらに最大で45万人の介護職員の増加が必要となる。これに介護支援専門員などの介護マンパワーを加えると，さらに大きな数字のマンパワーが必要となる。最大の課題は，その費用をいかに賄うかである。

（1）費用の調達

　これから2025年の介護には，2019年の1.2倍のマンパワーを必要とするわけだから，介護費用における人件費の割合を少なめに見積もって平均50％とすれば，2019年の給与水準のままでも1.1倍の介護費用が必要となる。給与水準を2割上げるとすれば，月々の保険料は，7,100円以上となる。仮にこの増額を税金で賄うとしても，国民の負担はそれだけ増えるわけだから，いずれにせよこの費用の増加を国民に理解してもらうことが不可欠である。そのためには，良質な介護サービスの提供と必要性の広報が重要となろう。なお，社会保障国民会議は，2007年の7兆円だった介護費用総額が2025年には19兆～25兆円へと3倍前後になると予測していた。

（2）名称独占と業務独占

　社会福祉士，介護福祉士が業務独占ではなく名称独占である理由は，法制定時のように資格者が少ない状況では資格を持たないと業務できないとする業務

独占には無理があるため，これらの資格者が一定の割合を占めるまでは名称独占にとどめ，その後の推移を見る，ということであったと考えられる。

しかしながら名称独占であっても診療報酬や介護報酬の上では，これまでも社会福祉士や介護福祉士の存在によって加算が認められてきており，その存在が重要になってきていた。2011年の法改正で，研修を受けた介護福祉士の行う痰の吸引と経管栄養の管理は，看護師等の場合とともに業務独占となった。

（3）離職の評価

介護職は離職率が高いと言われるが，その理由は，2007年度に全産業の平均離職率（在籍者のうち1年間に離職した人の割合）が15.4％だった（2007年「雇用動向調査」）のに対し，介護職員が21.6％だった（（財）介護労働安定センター「2009年度介護労働実態調査」）ためと考えられるが，2017年には全産業が15.6％，介護職員が15.4％となっている（同調査）。

一般には介護職員の賃金が安いとされる資料がある[19]。そのために，辞める者が多いと言われているが，辞める理由は賃金ではない，時間給の介護労働者の賃金水準は他職種他産業と比較して低いとはいえない[20]，といった調査結果もある。

介護職員の離職理由は，①職場の人間関係に問題があったため，②結婚・妊娠・出産・育児のため，③法人や施設・事業所の理念や運営のあり方に不満があったため，④自分の将来の見込みが立たなかったため，⑤他に良い仕事・職場があったため，⑥収入が少なかったため，といったものが挙げられている（（財）介護労働安定センター「2020年度介護労働実態調査」）。

3　今後の介護マンパワーの展望

介護提供体制について，今後サービス供給量の確保が必要であり，そのためのマンパワーの確保を計る必要がある。そのためには，以下のような点が課題となる。

（1）待遇の改善

より良い待遇のために介護に携わる人たちの給料を上げるには，どうしたら

いいのだろうか。先にも述べたとおり，介護報酬の引き上げによる事業者収入の増加と，事業者の増加収入を他の費用に充てずに，職員に分配することが必要である。介護報酬を上げるには，被保険者の理解と，国・都道府県・市町村の議会の同意が必要であり，そのための広報と世論のバックアップが必要である。ただし，2011年 6 月の介護保険法の改正により，厚生労働大臣が定める基準により算定した額を限度として，これまでのように厚生労働大臣の許可を受けなくても，市町村が定める額を当該市町村における地域密着型介護サービス費の額とすることができるようになったから，厚生労働大臣の定める基準額が高ければ大都市部などでは十分活用の余地があろう。

　職員への分配は，社会福祉法が2016年 3 月に次のように改正されたことにより，充実への一歩が始まったといえよう。すなわち，社会福祉法人は①計算書類等を公開し②理事，監事及び評議員に対する報酬等の支給の基準を定め，公開し③純資産が事業継続以上に必要な額を超える場合は社会福祉充実計画を作成し所轄庁の承認を得なければならないこととなった。

　人材のキャリアアップや年功的な俸給のアップと，職員の勤続によっても不変とする介護報酬のあり方は両立が難しい面があり，一部これに配慮した介護報酬も見られるが，さらに事業者の規模のあり方を含む，複雑だが喫緊の問題として今後研究していく必要があろう。

　なお，2011年 5 月に公布された「地域の自主性及び自立性を高めるための改革の推進を図るための関係法律の整備に関する法律」により，居宅サービス，地域密着型サービス等の人員基準及び設備・運営基準について，一定程度市町村等の指定権者による策定が可能とされるようになった（2012年 4 月施行）。

　いずれにせよ，人材の確保を良い方向に持って行く努力を，長く続けなければならない。介護に携わる人たちが介護報酬を上げるべきだと考えても，保険料を払う被保険者や公費を出す国，都道府県，市町村が賛成しなければ，実現できない。

（2）外国人労働者の導入

　マンパワー不足に対応するための外国人労働者の導入については，どう考え

たらいいのだろうか。これまでの EPA（Economic Partnership Agreement, 包括的経済連携）協定[21]に加えて，2016年11月に「出入国管理法」が改正されて在留資格としての「介護」が加えられ，また技能実習生の保護のため「外国人の技能実習の適正な実施及び技能実習生の保護に関する法律」が制定され，技能実習の監理団体を許可制にする，優良な監理団体には３年でなく５年の実習を認めるなどを制度化した。さらに2018年には，「出入国管理法」が再び改正され，在留資格として特定技能１号，２号が創設された（技能実習から引き続くことも可能）。これらにより，①外国人労働者を従来のような EPA 締約国だけでなく他の国の技能実習生や特定技能者にも門戸を広げて，最大10年くらいまで稼働できる介護人材を導入する②留学して介護福祉士の資格を取った者は，そのまま在留が認められることになる。しかし，いずれにしても，安上がりな労働力としての導入であれば行うべきではない。わが国と似た社会保障システムを取る欧州の例を見ても，労働者本人の移動の終了後も家族の呼び寄せは何十年にもわたるし，子弟への教育等の支出といった負担を十分しないと，国内で外国人への格差が生じ，どうしても低所得から抜け出せない外国人により治安にも大きな問題を生じてきたのが実態である。そして，こうした費用を十分負担してきちんとした労働力として移民を認めるとするなら，並行して下記の日本人パートタイマーの扱いを改善し，それと同条件以上で移民をきちんと認めていくべきだろう。現在のようなあいまいな位置付けでは，国の将来の安定が保てない恐れがある。10年も日本にいて介護の仕事をできるようになった外国人に帰れ，と言うのは大きな損失だから言えなくなるし，多くの外国人も日本に残ることを希望するであろう。欧州で言われたように，労働力を求めても来るのは人である，ということだ。

　いずれにせよ，これらの動きは，日本の今後の介護人材確保の方策に関して大きな問題を提起している。

（3）パートタイマーの待遇改善

　介護に限らずパートタイマーの待遇のあり方の改善が不可欠である。同一労働・同一賃金の原則が日本では実現されていない。欧米はこの点が日本と大き

く異なり，均等処遇原則を実現しているところが多い。勤務内容の明確化など日本の雇用慣行の変更に国や企業の努力の余地がある。男女の賃金差が大きいのもこの問題が要因と思われ，政府も動き出したがこの解決は介護労働力の増加に役立つばかりではなく，少子化への対応としても重要である。

（4）ボランティアの振興

　ボランティア（有償を含む）をどう活用していくのかも大きな課題である。開かれた施設ほどボランティアを活用できるわけで，それが望ましい。ボランティアの中でも高齢者，特に前期高齢者が介護の分野でボランティアとして活躍できるようになれば，共助により高齢化に対応する，という側面からも大いに望ましい。

第5節　これからの高齢者介護

1　日本の介護サービスの特徴と課題

　日本の介護サービスは，ドイツに次いで社会保険制度によって提供され，この15年以上高齢者の国民生活を支えてきており，今後も高齢者の安心のためにも維持していくべきものである。もちろん，改善すべき点も多いが，基本的には現在の制度を評価し，維持していくことが求められる。

　現在の日本の介護サービスの特徴として，次の3点が挙げられる。

①　介護提供体制について，介護保険施設を除いて経営主体を公的な法人と営利法人を含む民間法人の混合体制としている。

②　介護サービスの費用は，社会保険の方式を取る介護保険によって賄われている。介護保険は，市町村を保険者とし，40歳以上の者を被保険者として必要な保険料を徴収し，要介護認定をし，加齢に伴って必要となる介護サービスを提供している自治性の強いものである。

③　特に著しく高齢化していく都市部において，今後急速に介護需要が増加し，介護マンパワーを必要とする。

今後の基本的な課題としては，次の3点が挙げられる。

① 介護提供体制について，今後サービス供給量の確保が必要であり，そのための財源とマンパワーの確保を図る必要がある。

② 介護提供体制について，医療サービスとの連携を強化し，地域包括ケアを実践する観点から再整備する必要がある。これにより，できるだけ在宅において生活を続けられるように介護・医療・福祉サービスを提供していく必要がある。

③ 著しく高齢化していく日本において，介護保険の皆保険体制の維持のためには，保険料の引き上げが不可避であり，そのためには国民の理解を得る必要がある。

2 配慮すべき事項

これからの高齢者介護を考えるうえで普段から配慮しておくべき点について，一部これまでに述べたところと重なる部分も含めて，まとめておこう。

1つは，要介護要支援にならない高齢者についてである。65歳から74歳の約95％，75歳以上の約70％は，こうした高齢者である。その人々が要介護にならないようにするための介護予防事業は重要である。同時に，こうした人々，特に前期高齢者のための労働の場を考えることもこれからの高齢社会にとっては，重要である。要介護者を減らすとともに，その人々の生きがいにも繋がり，かつ労働力人口が減っていく日本にとって必要だからである。世界的にみると年齢で定年制を取ることが違法であるとする国も増えつつあるが，日本も2013年4月に施行された「高齢者等の雇用の安定等に関する法律」の改正法によって，企業は定年制を廃止するか，65歳定年にするか，または継続雇用制度を実施するか，の義務を課されたので，65歳までの雇用を確保される人が確実に増えていくだろう。こうした動きをさらに伸ばしていくことが重要である。

2つには，介護労働力の需要を減らすことも考えなければならない。介護予防に加え，ロボット等，介護労働者の労務（腰痛）を軽減する方策の検討・実

施である。例えば，ベッドから車いす等への移乗は，介護労働者に大きな負担を強いるものなので，移乗をロボット等でできるようにすることである。現在はリフトや滑り板などが使われているが，高齢者の脚にロボットアームを付け，その意志に従って脚を動かせる形態のものが研究されており，こうしたものの開発を進めていくことも必要である。

　3つには，要介護になる割合が高くなる75歳以上人口の動向である。今後の人口の推移予測を見ると，2020年には65歳以上が約3,620万人，75歳以上が約1,870万人であるが，10年後の2030年には65歳以上が約3,720万人，75歳以上が約2,290万人になると予想されている（国立社会保障・人口問題研究所，日本の将来推計人口（平成29年4月推計），表1出生中位（死亡中位）推計）。ここで注意しなければならないのは，75歳以上になると65〜74歳と比べて，要介護要支援者になる割合が約4.3％から約32.2％と約7.5倍と急激に増えるので（介護給付費等実態調査（平成29年10月審査分）），75歳以上の増加は，介護保険にとっては，大きな負担増の要因になる点である。そして，この10年間に75歳以上は420万人も急激に増加すると見込まれ，それ以降15年間は2,200万人台の状態が続くとされている（同上）。この意味するところは，特にこの10年間の急激な要介護要支援者の増加への対応が重要だということである。

3　具体的な提言

（1）給　　付

　介護保険が導入されて多くのサービスが供給されるようになったが，市町村のホームページを見ても，その市町村の毎年の介護保険給付の実績を明らかにしているところは，非常に少ない。以下のような課題に対処していくためにも各市町村ごとの給付の種類と額を自ら公開すべきである。

　大都市部における特別養護老人ホームのように十分でないところもあり，さらに今後増加していく在宅のひとり暮らし高齢者への対応が大きな課題である。著しく高齢化していく日本において，在宅でできるだけ長く生活を続けられるように介護サービスを提供していく必要がある。新しい定期巡回・随時対応型

訪問介護看護体制を，多くの市町村が取っていくことが期待される。在宅療養支援診療所の活用など，医療と介護の連携もますます重要になり，そうした方向を助長するような施策の実施が求められる。

長期的には，こうした在宅向けの24時間サービスを外付けのものとして，日常生活圏域内の特養や老健等の施設にも提供していければ，在宅と施設の差が取り払われることになるだろう。

また，高齢化にともなう認知症の増加にも対応が求められている。認知症の専門家である認知症サポート医や認知症疾患医療センターを中心に地域での認知症医療体制が構築されようとしており，地域包括支援センター等に置かれる認知症初期集中支援チームの設置と一般人を対象とする認知症サポーター等養成事業，などを一層進めていく必要がある。

口からの摂食は生きる喜びの一つであり，誤嚥性肺炎を恐れて胃ろうを安易に造るべきではない。きざみ食より見た目も良くおいしいソフト食の開発が行われ，介護報酬で「経口維持加算」として評価されているように，口腔ケアに留意し，施設，在宅を問わず，関係者はできるだけ口からの摂食に努力すべきであろう。

地方公共団体が介護費用の増加に消極的になりがちなのは，経常費をともなうものへの逡巡であり，一般に建てるときだけに費用が集中すると思われがちな公共事業費との違いも一つの要因であろう。介護職員の給与を上げるのに必要な介護報酬を引き上げるためには，国と地方公共団体を対立軸で見るより，自分たちの代表を通じての反映と考えるべきであろう。制度や介護報酬は国で決めているが，それを含む国の予算は国民が選んだ国会議員が決めている。地方公共団体は，自分たちの代理人だという意識で国の決め方を監視していく必要があり，国が勝手に決めているという見方をしないことが生産的であろう。

（2）負　担

負担を上げる前に無駄を無くすという考え方については，抽象論としてはそのとおりだが，負担をやみくもに先延ばしするための方便に使われてはならない。低所得である後期高齢者から介護保険料を徴収しない，という考え方につ

コラム　イギリスのケアマネジメント

　イギリスでは1993年以降，地方自治体がケアマネジメントを行うことにより申請者個々の福祉ニーズを総合的に評価し，望ましいサービスの質及び量を具体的に決定した上で，これを最も効率的に提供できる供給者を競争で選び，契約によってサービスを提供する方式が採用されている。これにより福祉分野にも競争が導入され，従来主流であった自治体直営のサービスが縮小し，民間サービスへの移行が進んでいる。

いては，社会保険をどうとらえるかの問題であり，現行のように生活保護で保険料を補てんして社会保険を一貫させるべきと考えられる。その場合は生活保護にいたる直前の低所得者への十分な配慮が必要となろう。

　財源としての所得税の累進課税（高い所得には高い税率）は一層推進すべきである。徹底した自由主義者からは経済インセンティブが経済成長の源であるとして，これに反対の意見もあるが，高齢者ほど所得再分配前の所得の不平等が大きいのでそれを是正すべしとする者や国民連帯に賛成の論者からは歓迎されるであろう。

（3）基本的な姿勢

　世界的に見れば，社会保険で被保険者にきちんと給付している日本の制度は，不十分な点があるとはいえ，まったく介護制度のない国はもちろん一般公費ですべてを賄っている国よりも，景気・税収に左右されることが少ない中で給付がなされている。介護については社会保険ではないイギリスやフランスも日本の制度から学ぼうとしている面もあり，日本の本家に当たるドイツも日本の良いところと考えたケアマネジメントを取り入れる改正を行っていることなどに，日本も自信と誇りを持って制度の改善に努力していくべきであろう。

　国民負担率単独の高低を問題にする意見もあるが，要は税や保険料で負担したものが再分配を経てどのくらい国民全体に返ってくるかが重要であり，社会支出と国民負担率の差，そして国民負担の中でも税が社会保障に回される割合を重視していくべきであろう。また，制度（改正）に関する情報が必ずしも国民に十分伝わっていない，例えば介護療養病床の廃止や後期高齢者医療制度の

現状などをどのように伝えていけばよいかという問題があり，一方でマスコミのあり方にも普段から注意しておく必要がある。

2011年4月に日本学術会議の委員会は，「持続可能な長寿社会に資する学術コミュニティの構築」という提言を出したが，その中で，老年学（ジェロントロジー）は「高齢者と高齢社会全般に関わる諸課題を研究し，実践的に解決する学際的学術分野」であるとし，個人の人生設計の課題と，現在の社会システムを長寿社会に対応したシステムに創り直すという社会の課題を同時に解決していく必要がある，としている。そして，そのためには研究・教育の領域は要援護高齢者を中心としたものに限定せず，高齢社会全般及び福祉工学等の領域まで拡大することが必要である，としている。こうした広い視野に立った研究もこれから重要となるだろう。

注

(1) 行政行為とは，行政庁が，国民の権利義務その他の法的地位を具体的に決定する行為（例；租税の賦課，土地の収用裁決，生活保護の決定）。行政庁とは，行政主体の法律上の意思を決定し，外部に表示する権限をもつ機関（例；各省大臣，都道府県知事，市長村長）。

(2) 40歳未満の介護を要する人に対しては，公費による障害者総合支援法により自立支援給付等が行われている。

(3) 末期がん，関節リューマチ，筋萎縮性側索硬化症，骨折を伴う骨粗しょう症，初老期認知症，パーキンソン病，脳血管疾患　等（介護保険法施行令第2条）。

(4) 40歳から64歳の生活保護受給者は，第2号被保険者ではないが，上記16疾病に基づいて要介護になった場合は，生活保護の介護扶助により全額支給される。

(5) ケアマネジャー（介護支援専門員）は，要介護者または要支援者が心身の状況に応じて適切なサービスを受けられるよう，市町村・サービス事業者・施設等との連絡調整を行う者であって，これらの者が自立した日常生活を営むのに必要な援助に関する専門的知識および技術を有するものとして介護支援専門員証の交付を受けた者。

ケアマネジャーとなるには，①保健医療福祉分野での実務経験（医師，看護師，社会福祉士，介護福祉士等）が5年以上である者等が，②介護支援専門員実務研修受講試験に合格し，③介護支援専門員実務研修の課程を修了することが必要。

　ケアプランの作成については，原案をこれまでの膨大なデータを学習した AI に作らせ，これを基に要介護者や介護サービス事業者と打ち合わせて作成する方法も始められている。

⑹　年金受給者 1 人の場合，年金収入とその他の合計所得金額が280万円未満10％，280〜340万円20％，340万円以上30％の負担（2020年 1 月現在）。

⑺　2006年の介護報酬改定がマイナス2.4％とされるが，食費居住費負担分の2.3％を含むものであり，国費はこの分減ったが，事業者は一般利用者からこの分を徴収できたので，事業者収入がマイナス2.4％ではない。

⑻　2011年 6 月の介護保険法改正により，2012年 3 月におけるこの類型の廃止は延期され，2023年に廃止されるが，2017年に成立した介護保険法改正により，介護医療院として事実上存続することとなった。

⑼　正式名称は，「地域における医療及び介護の総合的な確保の促進に関する法律」で，医療施設と公的介護施設の整備，居宅における医療の提供，医療従事者と介護従事者の確保などの事業について，都道府県及び市町村が計画を作成できること等を定めている。

⑽　厚生労働省発表「特別養護老人ホームの入所申込者の状況」（2019年12月25日）。

⑾　泉田信行（2008）「介護サービス利用に対する所得の影響」『季刊・社会保障研究』Vol. 43 No. 4 Spring，339頁。

⑿　厚生労働省「被保護者調査（平成27年 7 月）」，「平成28年介護サービス施設・事業所調査の概況」。

⒀　令和元年社会福祉施設等調査の概況「結果の概要」 3 頁。

⒁　例えば，たんの吸引は，咽頭の手前までは行ってもよい，など。一方，胃ろうでのチューブ接続・注入は不可とされていた。

⒂　筆者は，2009年に次のような主張をしており，今回の法改正は，この主張に沿ったものとなっている。「今後，介護を必要としながら，これまでなら療養型病床に入院していたような患者を，老人保健施設や特別養護老人ホームに任せることで，介護の状況は大幅に改善される。たんの吸引など，どうしても看護師を必要とする高齢者のために，老人保健施設などへの看護師の増配も検討されている。もっとも，たんの吸引，胃ろうへの栄養剤の注入など，家族であればできるとされている行為を純然たる医療行為として看護師でなければだめだ，としている現状の見直しを検討する必要もあろう。仮に，たんの吸引と経管栄養という行為が医療行為でなくなると，施設における看護師などの必要数は，大幅に異なってくる」（磯部，2009，64）。

⒃　当時の福田総理により開催された，社会保障政策を広く議論する有識者会議。2008年 1 月に吉川東大教授を座長として閣議決定により設置され，2008年11月に最

終とりまとめを行い閉会した。その後，社会保障制度改革国民会議，社会保障制度改革推進会議が設置される元となった。

(17) 中期財政運営期間中の主として第1号被保険料部分の余剰金を積立てる準備基金。

(18) 令和2年度介護従事者処遇状況調査結果の概要。介護職員処遇改善加算の届出事業所は93.5%。その63.3%が介護職員等特定処遇加算を取得している。

(19) 「令和元年度介護労働実態調査」（（財）介護労働安定センター）事業所調査によれば，所定内月給は訪問介護員21.2万円，介護職員21.2万円となっている。

(20) (19)の調査によれば，時間給の者の所定内賃金は訪問介護員1,287円に対し，労働者全体では1,185円となっている。

(21) これまでフィリピン，インドネシアおよびベトナムとのEPA協定により一定数の導入が目指されてきた。

参考文献

磯部文雄（2009）『老いる首都圏』社会保険研究所。

堤修三（2010）『介護保険の意味論』中央法規出版。

椋野美智子・田中耕太郎（2021）『はじめての社会保障』有斐閣。

山田篤裕・石井加代子（2009）「介護労働者の賃金決定要因と離職意向」『季刊・社会保障研究』Vol. 45 No. 3。

第3章の要点

・介護保険の目的は高齢者介護の社会化，介護サービス供給量の確保，利用に応じた公平な負担，社会的入院の是正，等である。

・要介護認定・要支援認定は，介護認定審査会の審査・判定に基づき，市町村及び特別区が行う。

・医療保険と介護保険の給付が重なるときは介護保険の給付が優先する。

・2005年の介護保険法の改正で，施設介護サービスの給付から食事の提供に要する費用，居住に要する費用，その他の日常生活に係る費用が除かれることになった。ただし，一定の資産のない低所得者については食費及び居住費の負担限度額が設定され，それを超える部分は補足給付されている。

・市町村は，3年を1期とする市町村介護保険事業計画を定める。

・介護保険は，市町村を保険者とする自治性の強いものであり，今後の介護保険料の引き上げの必要を考えると住民への理解を求めることが重要であり，そのための活発な広報が必要である。

・介護サービス提供の主体は，医療と異なり，介護保険施設を除いて営利法人にも認められている。

・介護サービス提供のこれからの最大の課題は，マンパワーの確保であり，介護報酬の引き上げと，従事者への分配の2つによって実現することを理解することが肝要である。

・今後の介護サービスの目標は，最期まで在宅で介護することであり，そのためには在宅において在宅療養支援診療所などの医療と介護チームが連携し，包括的なサービスを供給できることが必要である。

・今後の介護サービス供給における課題は，75歳以上高齢者の著しい増加，単独世帯の増加，大都市とその近郊における介護需要の著しい増加が挙げられるので，それらに対応できるマンパワーなどサービス供給体制の整備，それを促す支援策が必要である。

・その対応の一つとしては，病院の回復期病床と慢性期病床，老人保健施設と介護医療院，そして介護福祉施設を通じて，医療従事者の配置を再検討し，介護・医療を通じての職員の適切な活用を図っていく必要がある。

<table>
<tr><td>第4章</td><td>社会福祉サービス</td></tr>
</table>

第1節　現在の社会福祉

社会福祉の理念は，個人が人としての尊厳をもって，家庭や地域社会の中でその人らしい自立した生活が送れるよう支援することである。社会福祉は社会保険や公衆衛生とともに社会保障を構成している。公的扶助（生活保護）は社会福祉の1分野と位置づけられる。

社会福祉制度は生活保護制度と措置制度に力点が置かれていたが，措置制度の見直しによって市町村主義への移行やプラン（計画）行政へと展開し，介護保険の導入を契機とした社会福祉基礎構造改革で理念と構造が大きく転換した。従来の「措置」（行政処分）に基づく福祉制度は，契約による利用者本位の仕組みに大幅に改められた。

1　社会福祉制度の変遷

日本の社会福祉事業は戦前の恤救規則から出発し，昭和になって制定された救護法を経て，次第に社会福祉事業へと変容していった。戦後は「権利としての社会福祉」思潮を経て，社会福祉の普遍化・一般化を背景とする福祉サービスの増大・多様化・専門化が進展している（表4-1）。

生活困窮に対する旧生活保護法（1946年）の制定に続き，児童問題では児童福祉法（1947年）が，戦傷病者や身体障害者のための更正法として身体障害者福祉法（1949年）が制定されて，いわゆる福祉3法が整備された。1950年に制定された現行の生活保護法は，生存権理念に基づく最低生活の保障と自立助長を国家責任と規定し，その実現のための扶助内容を盛り込むとともに，保護申

表4-1　社会福祉の法制度の発展過程

戦前の社会福祉制度
1874　恤救規則（社会福祉の萌芽；家族，隣人等による私的救済が中心）
1929　救護法（公的扶助の原型；初めて救護を国の義務としたが，権利性はない）
1938　社会事業法（救貧事業，養老院，育児院など私設社会事業に助成）

戦後社会福祉制度の確立期：福祉三法体制（戦後急増した貧困者対策）
1946　(旧) 生活保護法（引揚者等貧困者対策），GHQ 社会救済に関する覚書
1947　児童福祉法（浮浪児，孤児対策）
1949　身体障害者福祉法（戦争による身体障害者対策）
1950　生活保護法（貧困者全般を対象，生存権保障を明確化）
1951　社会福祉事業法（社会福祉事業の範囲，社会福祉法人，福祉事務所などを規定）

高度経済成長期：福祉六法体制
1960　精神薄弱者福祉法（1999年に知的障害者福祉法に名称変更）
1961　児童扶養手当法，国民皆保険・皆年金
1963　老人福祉法
1964　母子福祉法（1982年に母子及び寡婦福祉法に名称変更）
1970　心身障害者対策基本法
1971　児童手当法
1973　老人医療無料化（福祉元年）

1980年代＆1990年代
1982　第2臨調答申（社会福祉を含む行財政改革を提言），老人保健法
1986　第1次行革審「基本方針」，機関委任事務整理合理化法
1987　社会福祉士及び介護福祉士法，精神保健法
1989　ゴールドプラン策定（在宅福祉の充実，施設福祉との連携強化，市町村の役割重視）
1990　社会福祉関係8法改正（在宅福祉の積極的推進，福祉サービスを市町村に一元化）
1993　障害者基本法
1994　エンゼルプラン策定
1995　障害者プラン策定，精神保健福祉法，高齢社会対策基本法
1997　児童福祉法改正，介護保険法成立
1999　地方分権一括法，精神保健福祉法改正

2000年代＆2010年代
2000　社会福祉法制定（社会福祉基礎構造改革），介護保険法施行，児童虐待防止法
2001　保育士資格の法定化
2002　母子及び寡婦福祉法改正
2003　身体・知的障害者の支援費制度，地域福祉計画
2004　障害者基本法改正，発達障害者支援法
2005　介護保険法改正
2006　障害者自立支援法施行（障害者福祉サービスの一元化，応益による利用者負担）
2008　後期高齢者医療制度施行，社会保障国民会議
2010　子ども手当
2011　社会保障・税一体改革，障害者基本法改正
2013　障害者総合支援法施行，社会保障制度改革国民会議
2015　子ども・子育て支援新制度，生活困窮者自立支援制度
2016　障害者差別解消法施行
2018　働き方改革，生活保護法関連4法改正
2019　認知症施策推進大綱

出所：厚生省社会・援護局企画課監修（1998）『社会福祉基礎構造改革の実現に向けて』中央法規出版に
　　　基づき筆者改定。

請の権利性として「権利としての社会福祉」を体現するものであった。しかし，生活保護基準の設定面では厳しいものがみられた。また，1951年に社会福祉事業に関する組織及び運営管理に関わる一般法として社会福祉事業法が制定され，同じく1951年に「児童憲章」が制定された。生活保護基準の低さを訴えた朝日訴訟（1957年）は，生存権の保障と保護基準についての国民の関心を高めた。

コラム　朝日訴訟（生活保護）

　1957年，岡山療養所入院中の生活保護受給者朝日茂さんが，入院患者の日用品費の保護基準が低いのは日本国憲法第25条の理念に反するとして厚生大臣を相手に提起した。この訴訟は原告の名に因んでこう呼ばれている。訴訟の途中で，原告の死亡により訴訟は終了したが，当時，生活保護基準の算定方法となっていたマーケットバスケット方式を止めるきっかけとなった。

　高度経済成長の過程で入所施設整備とともに，さまざまな生活上の問題に対して普遍化するニーズにも対応することが必要になった。そのため，高度経済成長期には社会保障制度全般が拡充された。1960年に精神薄弱者福祉法，1963年に老人福祉法，1964年に母子福祉法が制定され，福祉6法が整備された。1973年までの高度経済成長により，日本は世界第2位の経済大国になり，国民の生活水準も大幅に上昇した。

　1981年の「国際障害者年」とそれに続く「国連・障害者の10年」は「完全参加と平等」や「ノーマライゼーション」等の障害者福祉の理念やコンセプトを普及させ，障害者施策の質的展開の契機ともなった。1982年には，老人医療無料化に終止符をうつ老人保健法が制定された。社会福祉施設の増加，処遇の社会化等に対応するため社会福祉の専門職制度の法として，1987年には社会福祉士及び介護福祉士法が，さらに1997年には精神保健福祉士法が制定された。

　社会福祉制度の見直しにより，福祉の実施体制は次第に市町村主義へ移行していった。国の責任であった社会福祉（生活保護を除く）の事務は地方中心へと見直され，措置事務は市町村に一元化された（それまでは町村部は都道府県の事務；1993年度から施行）。1989年に高齢者保健福祉10カ年戦略（ゴールドプラン）が策定され，1990年には老人福祉法等の一部を改正する法律（福祉8法改正）

により，福祉施設入所措置等の権限が市町村に委譲され，社会福祉行政における地方分権の先駆けとなった。以後，計画行政の方式が社会福祉の各分野に広がっていった。

2 社会福祉基礎構造改革（2000年前後）

　介護保険の導入と前後して，社会福祉基礎構造改革が進められた。介護保険導入の背景には，措置制度の限界，年金制度の充実，介護の社会化の合意，介護を通した保健・福祉サービスの一元化への流れ，などがあった。介護保険によってサービス利用が普遍化し，高齢者福祉における措置制度は部分的に存続するのみとなった。

　介護保険に象徴されるように，福祉サービスの利用は措置から契約へと大きく転換されていった。この社会福祉基礎構造改革の背景には，ノーマライゼーション思想の浸透，在宅重視の政策誘導，入所施設処遇の限界とグループホームの登場，障害者や高齢者の地域における措置制度ではない民間サービスの展開（利用者本位，生活環境の継続性，小規模・家庭的），などがあった。

　社会福祉基礎構造改革の一環として，従来の「措置」に基づく福祉制度を契約による利用者本位の仕組みに改める制度改正が行われた。以下は，その代表例である。

　　① 1997年に介護保険法が成立し，2000年度から介護保険制度が始まった。老人福祉の分野では介護保険の創設でそのサービスの多くが介護保険に移行し（介護保険法による給付が原則で，老人福祉法による措置が補完），従来の施設型サービスから利用者の居宅での生活支援のための在宅サービスにその中心が移行しつつある。

　　② 1997年に児童福祉法が改正され，保育所利用方式（保護者が自由に保育所を選択する仕組み）が誕生した。

　　③ 2000年に社会福祉事業法（1951年）を改正した社会福祉法が成立した。社会福祉法の理念は自立の支援，地域福祉の推進，利用者の意向を尊重

したサービス提供，などである。

④　2003年には障害福祉サービスを措置制度から契約制度に転換した「支援費制度」が施行された。支援費制度は福祉サービスを利用する障害者の自己決定の尊重，主体的なサービス利用という理念のもとに策定された制度であった。

3　社会福祉のその後の進展

　老人福祉計画以後，計画行政の方式が社会福祉の各分野に広がっていった。福祉サービスの整備計画と合わせて，地域福祉の観点からの「地域福祉計画」の体系も社会福祉基礎構造改革で位置づけられた。

　障害者基本法は2004年に改正され，障害を理由とする差別等の禁止が明示されたほか，それまで努力義務であった都道府県および市町村における障害者計画の策定が義務化された。国連の障害者権利条約（2008年に発効）の批准に向けた国内法整備の一環として，政府は障がい者制度改革推進本部を設置して，障害者基本法の改正（2011年7月成立），障害者総合支援法の制定（2012年6月成立，2013年4月施行；障害者自立支援法を代替），障害者差別解消法の制定（2013年6月成立，2016年4月施行），等を行った。

　少子化対策は2000年代に入って次世代育成支援，ワーク・ライフ・バランス，子ども・子育てビジョンなどを経て，2012年8月に成立した子ども・子育て関連3法に基づく子ども・子育て支援新制度へと引き継がれていった。特に2010年代には従来の年金・医療・介護に加えて子育て支援が大きくクローズアップされた。

　国民の間には社会保障の維持ないしは強化を求める意見が多い。社会保障改革では給付体制・効率化と機能強化の両面が必要となっている。また，近年では格差拡大や非正規雇用の増加によって，日本でも貧困問題に対する関心が高まっている。国の財政健全化と社会保障の効率化・機能強化のバランスが求められている。世界で最も深刻な少子高齢化と人口減少が進んでいくなかで，日本がどのような社会を目指そうとしているのか，国民が納得できる保障と負担

の水準はどの程度か，何を公的な仕組みで保障し，何を自己責任にゆだねるのか，そしてその財源をどのように確保するのか，といったことについての国民の合意が不可欠である。

4　福祉行政の実施体制

　日本の福祉行政は国（厚生労働省）—都道府県（民生主管部局）—市町村（民生主管課係）という体系で実施されている。市町村は多くの福祉サービスの実施主体であり，都道府県は福祉行政の広域的調整や事業者の指導監督を行っている。福祉行政の現業組織は福祉事務所の他に児童相談所，身体（知的）障害者更生相談所，婦人相談所，地域包括支援センター，等がある。福祉マンパワーとしては，各現業組織の専門職の他に，都道府県知事の推薦により厚生労働大臣が委嘱する「民生委員・児童委員」，都道府県が委嘱する「身体障害者相談員」および「知的障害者相談員」が，地域住民の相談援助などを行う民間の協力者として置かれている。

　厚生労働省所管の社会福祉の実施体制は図4-1の通りである。「身体障害者更生相談所」「知的障害者更生相談所」「児童相談所」「婦人相談所」「福祉事務所」「精神保健福祉センター」は，都道府県知事のもとに必置される保健医療福祉に関する専門の行政機関であり，これらは相談機関とも呼ばれている。全体として，社会福祉の実施において地方自治体は，①社会福祉に関わる計画・運営・監督，②福祉事務所・児童相談所・各種更生相談所などを通じた相談・調査・支援，③介護サービス・福祉サービスの提供，を担っている。

　都道府県は社会福祉における広域的事務，連絡調整事務，補完的事務を担い，福祉サービスの基準や水準の整合性，公平性等の確保に努める役割を果たしている。都道府県において社会福祉の事務を行う部局として，福祉部（局），民生部（局），健康福祉部（局），生活福祉部（局）などの部局が設けられ，各部局のもとには児童福祉課，高齢福祉課，社会課などの課が置かれている。また，都道府県（指定都市，中核市を含む）には社会福祉法に基づき，社会福祉に関する調査審議をするために地方社会福祉審議会の設置が義務づけられている。加

図 4 - 1　社会福祉の実施体制の概要

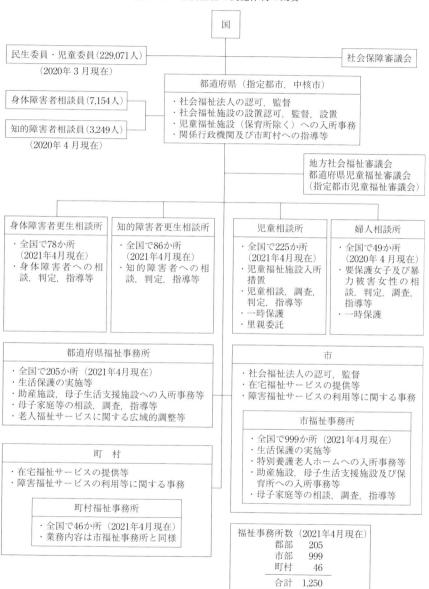

出所:『厚生労働白書 令和 3 年版』資料編。

えて，児童福祉法に基づき，都道府県には都道府県児童福祉審議会が設置されている。指定都市と中核市は都道府県とほぼ同様の事務を行うため，都道府県とほぼ同様の組織を有している。指定都市においては，福祉事務所，児童相談所，精神保健福祉センターが必置であり，身体障害者更生相談所，知的障害者更生相談所，婦人相談所は任意設置とされている。中核市においては児童相談所が任意で設置できる。

　市町村は福祉行政の最も基本的な単位に位置づけられ，福祉サービスの実施および提供の主体となっている。市および特別区においては福祉事務所の設置が必置であり，児童福祉法改正（2016年5月）により，特別区においても児童相談所の設置が可能である。また，市町村においては市町村児童福祉審議会を設置することができる。

　福祉事務所は福祉行政を総合的に担う専門機関であり，福祉6法が規定する援護，育成または更生の措置に関する事務を担っている。福祉事務所は都道府県・市・特別区に設置が義務づけられ，町村は任意で設置することができる。2021年4月現在，都道府県205，市・特別区999，町村46の計1,250の福祉事務所が設置されている。福祉事務所には所長の他，査察指導員や現業員（ケースワーカー），身体障害者福祉司，知的障害者福祉司などが専門職として配置される。福祉事務所は「保健福祉センター」「福祉保健センター」「福祉センター」等の名称でも運営されている。

　児童相談所は，児童福祉における第一線の相談機関である市町村やその他の関係機関（福祉事務所，保健所，児童家庭支援センター，保育所，学校など）と連絡調整をはかり，児童および妊産婦の福祉に関わる業務を行う専門機関である。児童や妊産婦に関する専門的な知識や技術を必要とする相談に応じるとともに，調査，診断，判定を行い，児童および保護者等を指導し，里親委託や児童福祉施設等への入所措置，障害児の入所サービスに関わる判断を行う。また，虐待などにより緊急に保護が必要な児童に対して一時保護を行う。児童相談所の数は国の資料では2021年4月現在全国で225カ所，うち一時保護所の設置は145カ所とされているが，後述する法改正により，特別区に新たに4つの児童相談所

が設置されている。

　身体障害者更生相談所は身体障害者の自立と社会参加を支援するための専門的な相談・指導・判定を行うとともに，市町村による援護の適切な実施を支援する専門機関である。身体障害者更生相談所は全国に78カ所が置かれ，所長および事務職員の他，身体障害者福祉司，医師，理学療法士，作業療法士，義肢装具士，言語聴覚士，心理判定員，職能判定員，ケースワーカー，保健師または看護師等の専門職を配置している。

　婦人相談所は要保護女子（性行または環境に照らして売春を行う恐れのある女性）の相談，要保護女子とその家庭の調査，判定指導を行い，要保護女子の一時保護を行う専門機関である。あわせて近年の婦人保護相談所は，2001年の「配偶者からの暴力の防止及び被害者の保護等に関する法律（通称DV防止法）」に対応する「配偶者暴力相談支援センター」としても機能している。婦人相談所は全国に49カ所が設置されている。婦人相談所は「女性相談センター」「女性相談所」「女性相談援助センター」などの名称でも運営されている。

　精神保健福祉センターは，精神保健および精神障害者の福祉に関する知識の普及や調査研究を行うとともに，精神保健および精神障害者の福祉に関する相談や指導のうち複雑または困難なものを扱う専門機関である。精神保健福祉センターは全国に69カ所が設置され，精神科診療経験を有する医師，精神保健福祉士，臨床心理技術者，保健師，看護師，作業療法士，精神保健福祉相談員，事務職員等を配置している。

　上記の公的な専門機関のほか，都道府県，市町村あるいはこれらが委託した組織（社会福祉法人やNPO等）によって，地域包括支援センター（介護保険法），児童家庭支援センター（児童福祉法），基幹相談支援センター（障害者総合支援法），障害者虐待防止センター（障害者虐待防止法），発達障害者支援センター（発達障害者支援法），障害者職業・生活支援センター（障害者雇用促進法）などが設置されている。

　地域包括支援センターは，高齢者の心身の健康の保持および生活の安定のために必要な援助を行うことにより，保健医療の向上および福祉の増進を包括的

に支援する役割を担っている。2005年の介護保険法改正に伴って新設され，市町村が設置主体となっている。地域包括支援センターは介護予防，総合相談支援，権利擁護，包括的・継続的なケアマネジメント支援の業務を実施している。全国に5,221カ所（市町村直営21％，委託79％）あり，これにブランチ・サブセンターを合わせると7,335カ所の設置となる（2020年4月末）。地域包括支援センターは，保健師，社会福祉士，主任介護支援専門員等を配置し，これら3職種によるチームアプローチが取られている。

　福祉行政における相談体制においては，各機関や団体に査察指導員および現業員（ケースワーカー），児童福祉司，身体障害者福祉司，知的障害者福祉司などの福祉に関わる具体的な専門職が配置されている。任用資格は全体として，国家資格である社会福祉士や精神保健福祉士，あるいは精神科診療経験を有する医師（査察指導員および現業員を除く）など，さまざまな学識および業務経験に基づいている。

第2節　生活保護

1　生活保護制度

　生活保護制度は憲法第25条の理念に基づき，何らかの原因で貧困に陥り，自力では生計を保持できない人々に対して，国の責任において，健康で文化的な最低限度の生活を保障するとともに，その自立を助長することを目的としている。現行生活保護法は1950年に公布・施行されている。生活保護の基本原理は①国家責任，②無差別平等，③最低生活保障，④補足性の原理，である。したがって，生活保護は資産，能力等あらゆるものを活用してもなお生活に困窮する者を対象に，一定の基準で計算される最低生活費から収入を差し引いた差額が保護費として支給される。生活保護の運用上の原則としては，①申請保護の原則，②必要即応の原則，③世帯単位の原則が挙げられる。

　保護には生活扶助・住宅扶助・教育扶助・医療扶助・介護扶助・出産扶助・生業扶助・葬祭扶助の8種類があり，医療扶助・介護扶助以外は金銭給付であ

る。生活扶助基準の算定方式は1984年度からは水準均衡方式が採用されている。

　生活保護の実施は法定受託事務として地方に委託されており，実施機関は福祉事務所である。福祉事務所は市には必置，町村は任意設置であり，ない場合は都道府県が設置する。保護の費用は国が 4 分の 3，都道府県，市または福祉事務所を設置する町村が 4 分の 1 を負担している。

2　生活保護基準等

　生活保護の開始決定は，補足性の原理に基づき，生活に困窮する者がその利用し得る資産，能力その他あらゆるものを活用することを要件として行われ，民法に定める扶養義務者の扶養及びその他の扶助が優先して行われることを前提としている。したがって，資産調査（ミーンズテスト）により一定以上の資産の保有は認められず，扶養や年金等の収入は，収入認定されて保護費が減じられることになっている。このミーンズテストは烙印（スティグマ）とされ，「社会保険を充実すべきである」という議論の根拠になっている。保護金品は公租公課を掛けられず，差し押さえもできない代わり，譲渡や担保にすることも禁じられている。

　生活扶助額を決定するもととなる生活扶助基準の設定方式は，最低生活に必要な品目を積み上げて算定するマーケット・バスケット方式（1948～1960年度）から，栄養学的に算定した飲食物費から最低生活費を算出するエンゲル方式（1961～1964年度），1965年度からの格差縮小方式を経て，1984年度からは（消費）水準均衡方式が採用されている（一般勤労者世帯の70％程度とされている）。

　現行の水準均衡方式は，その前の格差縮小方式により，一般世帯と生活保護世帯の消費の差が縮小してきたことから採られたものである。すなわち，日本の生活保護基準は一般世帯における消費との見合いで相対的に決められており，マーケット・バスケット方式の水準に依ったのでは極端な貧困状態となることから，相対的貧困の考えに基づき定められている。その上，地域における生活様式や物価差による生活水準の差を保護基準に反映するため，級地により生活扶助基準等に差を設けており，現在 3 級地のそれぞれを 1 と 2 に分け，計 6 区

分となっている。1級地‐1の東京23区から3級地‐2の地方郡部等まで金額において20％程の違いがある。具体的には，2021年度の標準3人世帯の生活扶助基準月額（児童養育加算を含む）は東京都区部等15万8,760円，地方郡部等13万9,630円となっている。標準として示される世帯員数は5人から4人，そして現在は3人（33歳男，29歳女，4歳子）に変化している。

　実際の保護費の支給額は，生活扶助基準額，住宅扶助額等の合計から収入認定額を差し引いたものである。収入認定額は，例えば勤労収入から勤労控除額等を差し引いたものとなる。医療機関に入院している場合は，医療の給付である医療扶助の他に「入院患者日用品費」，介護施設に入所している場合は「介護施設入所者基本生活費」が生活扶助として行われる。国民健康保険法は被保護世帯に属する者を適用除外としている。このため，被保護世帯の医療費は医療扶助によってすべてが賄われている。

　2007年度改正で18歳以下の子がいるひとり親世帯に対してだけ加算する母子加算の段階的廃止，ひとり親世帯就労促進費の創設などが行われたが，民主党政権になって母子加算は2009年12月から復活した。

　生活保護基準と基礎年金との関係もしばしば問題とされる。生活保護制度（最低生活の保障）と年金制度では目的が異なるが，生活保護基準については不断の評価が必要である。

　厚生労働省は2013年1月に生活保護の支給水準の検証結果を公表した。社会保障審議会生活保護基準部会が5年に1度の検証結果を報告書にまとめたもので，6通りの家族構成ごとに全国平均で生活扶助費と一般の低所得層（所得が最も低い10％の層）の生活費との間にどの程度乖離が生じているか検証を行った。その結果，政府は2013年・2014年・2015年と3段階に分けて生活扶助基準を最大1割削減した。さらに，2017年の検証結果を踏まえて，一般低所得世帯の消費水準にあわせて生活保護基準の見直し（増減）を2018年10月から3回に分けて段階的に実施している。

　生活保護法は2013年12月に不正受給対策や扶養義務の強化などの観点から初めて改正され，就労自立給付金の創設，福祉事務所の調査権限の拡大，医療扶

表 4 - 2　生活保護を受けている世帯・人数の推移

年　度	生活保護を受けている世帯数（万世帯）					生活保護世帯の割合（%）			被保護実人員	
	総　数	高齢者世帯	障害者・傷病者世帯	母子世帯	その他の世帯	総　数	高齢者世帯	母子世帯	万　人	総人口に対する割合（%）
1980	74.5	22.5	34.3	9.6	8.1	2.1	13.4	21.8	142.2	1.21
1985	77.9	24.3	34.9	11.4	7.3	2.1	11.1	22.4	142.8	1.18
1990	62.2	23.2	26.7	7.3	5.1	1.5	7.5	13.5	101.2	0.82
1995	60.1	25.4	25.3	5.2	4.2	1.4	5.8	9.8	88.1	0.70
2000	75.0	34.1	29.1	6.3	5.5	1.6	5.4	10.1	107.1	0.84
2005	104.0	45.2	39.0	9.1	10.7	2.1	5.4	12.1	147.3	1.15
2010	140.5	60.4	46.6	10.9	22.7	2.7	5.9	14.0	194.6	1.52
2015	162.1	80.3	44.2	10.4	27.2	3.0	6.3	13.8	216.4	1.70
2016	162.8	83.7	43.0	9.9	26.3	3.1	6.6	13.1	214.5	1.69
2017	163.3	86.5	42.0	9.2	25.6	3.1	6.8	12.2	212.5	1.68
2018	162.9	88.2	41.2	8.7	24.8	3.1	6.3	13.1	209.7	1.66
2019	162.8	89.7	40.7	8.1	24.3	3.1	6.0	12.6	207.3	1.64

注：各年度の平均値。保護停止中は除く。
出所：厚生労働省 福祉行政報告例，2015年度以降は被保護者調査（月次調査）2019年度確定値。

　助の適正化のために指定医療機関制度の見直し，などが行われた。2018年 6 月には近時課題となっている子どもの貧困対策として生活保護世帯の大学進学支援を柱とする生活保護法など関連 4 本の改正法が成立した。生活保護世帯の子どもが大学などに進学する際に，新生活の準備に必要な費用として最大30万円を支給し，子どもの貧困対策を拡充する。また，生活保護世帯には価格の安い後発医薬品の使用を原則としている。

3　生活保護の実態

（1）被保護人員（世帯数）の動向

　2019年度平均の被保護世帯数は162.8万世帯で，総世帯の3.1％であった（表 4 - 2）。被保護世帯の世帯類型別構成比をみると，高齢者世帯が55％，障害者・傷病者世帯25％，母子世帯 5 ％，その他の世帯15％で，1995年以降は高齢者世帯が最も多いが，近年は就労できない・収入不足などの「その他の世帯」の増加が顕著である。生活保護を受けている世帯の割合は，総世帯では3.1％であるが，母子世帯では12.6％と高い率になっている。

図4-2　生活保護を受けている人・世帯の割合（保護率）の推移

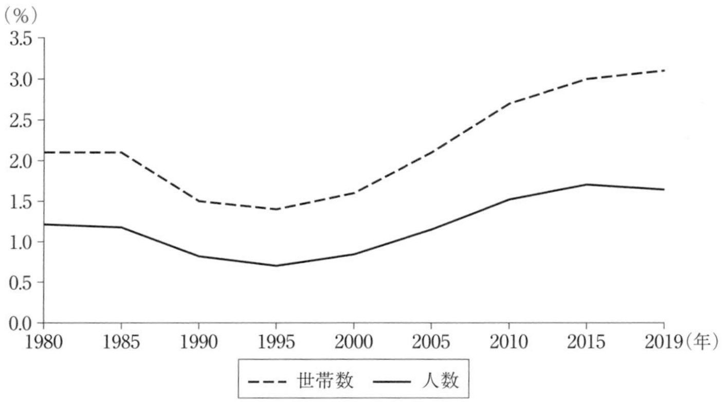

出所：表4-2より作成。

　生活保護を受けている世帯・人員は1995年度を底に，高齢化の進展や景気後退の影響を受けてその後は増加傾向で推移した。2011年7月には被保護者数は205万人となり，過去最多だった1951年度の204万7,000人を超えた。しかし，生活保護受給者数は2015年度の216.4万人をピークにそれ以降減少に転じている。2019年度の生活保護受給者は162.8万世帯，207.3万人であった（2021年5月は163.9万世帯，204.0万人）。生活保護を受けている人数の総人口に占める割合（保護率）も1995年度の0.70％以降徐々に上昇し，2015年度は1.70％に上昇したが，その後やや低下している（図4-2）。2018年12月における都道府県別保護率（全国平均は1.66％）は大阪府の3.21％が最も高く，次いで北海道の3.02％，高知県の2.67％，沖縄県の2.60％，福岡県の2.45％の順に高く，富山県の0.34％が最も低かった。このように，依然として大きな地域差がある。

　2019年度平均の扶助の種類別扶助率は被保護実人員を100とすると，生活扶助87.8，住宅扶助85.4，医療扶助84.1，介護扶助19.0などであった。

（2）生活保護費の動向

　生活保護を受ける人が近年急増していることを反映して，生活保護費も2008年度は2.7兆円（GDPの0.55％）であったが，その後急増して2012年度に3.6兆円を超え，2019年度は3.8兆円であった。

　生活保護費の内訳は医療扶助が約50％，生活扶助が30％台で，医療扶助と生活扶助で 8 割以上を占めている。1970年度の生活保護費は GDP の0.36％で，医療扶助が62％，生活扶助が30％台であった（「福祉行政報告例」）。この間，生活扶助のシェアはあまり変化していないが，医療扶助のシェアは徐々に低下し，住宅扶助が増えている。

4　保護施設

　保護施設は居宅において一定水準の生活を営むことが困難な者等を入所（または利用）させる施設で，救護施設，更生施設，医療保護施設，授産施設，宿所提供施設がある。救護施設（188カ所），更生施設（20カ所）は身体上または精神上障害がある要保護者を入所させて生活扶助を行う施設であり，医療保護施設（56カ所），授産施設（15カ所），宿所提供施設（14カ所）はそれぞれ医療の給付，就労・技能習得の機会の供与，住宅扶助を行うことを目的とした施設である（施設数は2019年10月現在）。

　保護施設の設置は都道府県，市町村，地方独立行政法人の他に社会福祉法人または日本赤十字社に限られている。社会福祉法人または日本赤十字社が設置する場合，設置に要する費用について都道府県は 4 分の 3 以内を補助でき，国は都道府県が補助した額の 3 分の 2 以内を補助できる。施設運営に要する費用については国が 4 分の 3，都道府県，市または福祉事務所を設置する町村が 4 分の 1 を負担する。

5　被保護者の自立支援

（1）授産事業

　授産事業は授産施設において就労の機会を与え，または技能を修得させて，その援護と自立更生を図ることを目的に地方自治体や社会福祉法人などが設置・経営する社会福祉事業である。授産施設は生活保護法に基づく保護授産施設（15カ所）と社会福祉法に基づく社会事業授産施設（61カ所）がある。授産施設数は近年減少傾向にあるが，一般労働市場における就業になじみ難く，多様

なニーズを有する要援護者に対する施策として重要な役割を担っている。

（2）自立支援プログラム

被保護世帯は障害，家庭内暴力，虐待，多重債務，社会的孤立，など多岐にわたる問題をかかえていることがある。この対応も含め被保護世帯の自立支援プログラムが2005年度から導入された。自立支援プログラムにはハローワークとの連携，模擬就職試験の訓練等，就労による経済的自立のためのプログラムの他に，日常生活自立のためのプログラムや社会的なつながりを回復・維持し，地域社会の一員として生活すること（社会的自立）を目指すプログラムが用意されている。

6　適正適用

生活保護には，適用すべき人に適用せず餓死してしまったといった漏給が指摘される一方，暴力団員や医療機関による不正請求，無料低額宿泊所を悪用した乱給ともいわれる不正支給も後を絶たない。

厚生労働省によると2018年度の不正受給は3万7,000件余りで，その総額は140億円にのぼる（生活保護費総額の0.4％）。特に最近では，ホームレスらに住まいを提供する代わりに生活保護を申請させて手数料を徴収する等の貧困ビジネスも横行している。

一方，生活保護申請者の増加により保護の調査，決定を行う福祉事務所のケースワーカーが不足している。社会福祉法では，生活保護世帯80に対して1人（都道府県立では65世帯に1人）のケースワーカーを標準としているが，それを充たせない福祉事務所も多い。標準とはいえ，余りにケースワーカーが少ないのは問題であり，市長や都道府県知事の配慮が強く望まれる。

第3節　高齢者福祉

1　高齢者福祉の発展と介護保険制度

老人福祉法（1963年）の対象は原則として65歳以上の者である。老人福祉法

による措置の実施機関および協力機関は，市町村，都道府県，福祉事務所，在宅介護支援センター，保健所および民生委員などである。高齢者福祉の分野では，介護保険の創設でそのサービスの多くが介護保険に移行した。介護保険法による給付が原則で，要介護者本人が介護申請しないなどの場合に補完的に老人福祉法による措置の対象となる。老人福祉の措置等に関する費用は国2分の1，都道府県4分の1，市町村4分の1の負担である。

　老人福祉法の改正（1990年）で市町村老人福祉計画及び都道府県老人福祉計画の策定が義務化されたが，さらに地方自治体は介護保険法に基づいて，厚生労働大臣の定める基本指針に則して市町村介護保険事業計画及び都道府県介護保険事業支援計画を定めることになっている。この介護保険事業計画は3年を1期としている。

2　主な高齢者福祉サービス

（1）在宅福祉

　ゴールドプラン以降，在宅サービスの充実が掲げられているが，それ以前の高齢者福祉対策は施設対策中心に進められてきた。しかし，高齢者の多くは住み慣れた地域で家族や隣人とともに暮らしていくことを望んでいるため，高齢者ができるだけ長く自宅で生活が続けられるよう，在宅3本柱といわれる訪問介護・短期入所・通所介護等の在宅福祉サービスに重点をおいた施策が展開されていた。

　在宅介護の総合的な相談窓口として1990年度から在宅介護支援センターが設置された。在宅介護支援センターは単独型を除けば，特別養護老人ホーム，介護老人保健施設，病院等に併設されていた。介護保険制度において地域包括ケアの中核拠点として地域包括支援センターを市町村に設置することとなり，2006年度から地域包括支援センターが設置された。なお，在宅介護支援センターの多くは地域包括支援センターへ移行した。

　このほかの在宅福祉サービスとして配食サービス，生活支援ハウス（高齢者生活福祉センター：高齢者に対する住居の提供，各種相談，利用者と地域住民の交流事

業），要援護高齢者に対する日常生活用具給付（貸与）事業，高齢者総合相談センター，などがある。

（2）施設福祉

老人福祉法による老人福祉施設には特別養護老人ホーム（以下，特養），養護老人ホーム，軽費老人ホーム（ケアハウス），老人デイサービスセンター，老人短期入所施設，老人福祉センター，老人介護支援センター（在宅介護支援センター）の7種類がある。特養は，65歳以上で身体上または精神上著しい障害があるため常時の介護を必要とする者で，居宅において適切な介護を受けることが困難な者を入所させる施設であった。しかし，2000年度から特養は介護保険の給付対象施設となり，それまで市町村の措置によって入所の決定が行われていたが，原則として要介護の認定を受けた利用者が施設と入所契約を結ぶように変更された。

養護老人ホームは，65歳以上で環境上の理由および経済的理由により居宅での生活が困難な者を入所させる施設である。軽費老人ホームはこれまでA型・B型・ケアハウスという基準の異なる3類型が存在していたが，2008年に制定された基準で今後設置する軽費老人ホームはケアハウスの基準によることとされた。

2019年度末の老人ホーム（有料老人ホームを除く）の施設数は1万3,456施設（特養1万187，軽費老人ホーム2,035，養護老人ホーム949，等），定員は78万7,754人（特養62万9,689，軽費老人ホーム8万1,824，養護老人ホーム6万3,016，等）であった（福祉行政報告例）。

このほか，老人福祉の向上のための施設として老人憩いの家，老人休養ホームなどがある。

（3）シルバーサービスの振興

a）有料老人ホーム

有料老人ホームは老人福祉法に規定された民間施設である。近年では10人以上の入居要件が撤廃され，食事の提供のほか，介護の提供，洗濯・掃除等の家事，健康管理のいずれかのサービスを行う施設と定義している。また，入居者

保護の拡充や都道府県の監督権限の強化が行われている。

　b）　シルバーサービス振興会（一般社団法人）

　シルバーサービス振興会は，高齢者をはじめ国民すべてが安心して暮らせる社会づくりを民間の立場から支えるため，シルバーサービスの質の向上とその健全な発展を図ることを目的に1987年3月に設立された。シルバーサービスの領域は福祉サービスから生きがい関連に至るまで多岐にわたっている。増大し多様化するニーズに対応するために，民間企業が公的部門や民間非営利部門とともに創造性・柔軟性・効率性に富んだ多様なサービスを提供することが不可欠であり，シルバーサービス振興会はシルバーマーク制度の運営などシルバーサービスの質的向上に関する事業や，シルバーサービスに関するさまざまな調査研究，情報提供，介護プロフェッショナルキャリア段位制度に関する支援など多岐にわたる活動を行っている。

3　高齢者の虐待防止

　高齢者に対する虐待の増加にともない，2005年に「高齢者虐待の防止，高齢者の養護者に対する支援等に関する法律（高齢者虐待防止法）」が成立し，2006年4月から施行されている。この法律は高齢者虐待の定義を明確化し，養護者による高齢者虐待の防止・養護者に対する支援，養介護施設従事者等による高齢者虐待の防止，等を定めている。虐待の定義は次の5つとされる。

① 　身体的虐待（高齢者の身体に外傷が生じ，または生じるおそれのある暴行を加えること）。

② 　ネグレクト（高齢者を衰弱させるような著しい減食または長時間の放置その他の高齢者を養護すべき義務を著しく怠ること）。

③ 　精神的（心理的）虐待（高齢者に対する著しい暴言または著しく拒絶的な対応その他の高齢者に著しい心理的外傷を与える言動を行うこと）。

④ 　性的虐待（高齢者にわいせつな行為をすることまたは高齢者をしてわいせつな行為をさせること）。

⑤　経済的虐待（高齢者の財産を不当に処分することその他当該高齢者から不当
　　に財産上の利益を得ること）。

　ここで重要なことは，①高齢者の福祉に業務上関係のある団体及び養介護施
設従事者等，医師，保健師，弁護士その他高齢者の福祉に職務上関係のある者
による早期発見の努力義務，②市町村長に通報があった場合の一時保護，地域
包括支援センターの職員その他の高齢者の福祉に関する事務に従事する職員に
必要な調査等をさせる義務，③虐待を発見した者の通報義務，が定められてい
る点である。

　通報義務については，養護者による高齢者虐待を受けたと思われる高齢者を
発見した者は，当該高齢者の生命又は身体に重大な危険が生じている場合は，
速やかに，市町村に通報しなければならない，とされている。また，特養等の
養介護施設の従事者による虐待の防止策としても，養介護施設従事者等が，従
事している養介護施設において業務に従事する養介護施設従事者等による高齢
者虐待を受けたと思われる高齢者を発見した場合は，速やかに，これを市町村
に通報しなければならない，とされている点は重要である。

　高齢者虐待防止法が施行された2006年度から厚生労働省は毎年調査を実施し
ている。2019年度における養護者による高齢者虐待に関する相談・通報件数3
万4,057件のうち，市町村が虐待と判断した件数は1万6,928件であった。加害
者は「息子」が40.2％で最も多く，次いで「夫」21.3％，「娘」17.8％であっ
た。虐待の内容（複数回答）は身体的虐待が67.1％，暴言などによる心理的虐
待が39.4％を占めた。虐待で死亡した高齢者は15人であった。2019年度におけ
る養介護施設従事者等による高齢者虐待は，相談・通報件数2,267件のうち644
件で年々増加している。

4　認知症高齢者支援対策

　日本における認知症高齢者数は2002年9月末現在149万人と推計されていた
が，厚生労働省は2012年8月に認知症高齢者数は2010年の280万人（65歳以上人

口の9.5％）から2025年には470万人（同12.8％）に増加するという推計結果を発表した。2015年１月に発表された認知症施策推進総合戦略（新オレンジプラン）では，「日本の認知症の人の数は2012年で約462万人と推計されているが，高齢化の進展にともない2025年には認知症の人は約700万人（65歳以上人口の19％）前後になる見込みである」と述べられている。

2004年にそれまでの痴呆症から認知症へと名称が改められたことを契機に，2005年度から「認知症を知り 地域をつくる10ヵ年」キャンペーンが開始された。2013年度からは認知症施策推進５か年計画（オレンジプラン）がスタートし，さらに2015年１月には認知症施策推進総合戦略〜認知症高齢者等にやさしい地域づくりに向けて〜（新オレンジプラン）が策定され，認知症の人が住み慣れた地域で自分らしい暮らしを人生の最後まで続けることができるよう，医療・介護・介護予防・住まい・生活支援が包括的に確保される「地域包括ケアシステム」の実現を目指す中で，認知症について社会を挙げて取り組むために認知症サポーターの養成，認知症サポート医の養成，認知症介護実践者研修，若年性認知症施策の強化，認知症の人の介護者への支援（認知症カフェ等）などの施策が進められている。

2019年６月には認知症施策推進大綱が決定された。認知症は誰もがなりうるものであり，家族や身近な人が認知症になることなどを含め，多くの人にとって身近なものとなっている。認知症の発症を遅らせ，認知症になっても希望を持って日常生活を過ごせる社会を目指し，認知症の人やその家族の視点を重視しながら，「共生」と「予防」を車の両輪として施策を推進するという基本的考え方のもとに，生活習慣病の予防，社会参加による社会的孤立の解消や役割の保持等が認知症の発症を遅らせる可能性が示唆されていることを踏まえ，70代での発症を10年間で１歳遅らせることを目指している。

5 福祉サービス利用援助事業

福祉サービス利用援助事業とは，福祉サービスが措置から利用へと移行する中で，精神上の理由（認知症高齢者，知的障害者，精神障害者等）により日常生活

┌───┐
│ ── コラム　認知症高齢者数 ──────────────────── │
│   │
│　　日本の認知症高齢者数が2012年で462万人という推計は，65歳以上の認知症有病 │
│　率を日本全国で15％と仮定した場合の推計値である（65歳以上人口3,079万人× │
│　0.15＝462）。また，2025年の認知症高齢者数を700万人とすると，2025年の65歳以 │
│　上人口3,657万人に占める認知症の割合は19.1％となる。一方で，2015 Alzheim- │
│　er's Disease Facts and Figures によると，アメリカの2015年における65歳以 │
│　上のアルツハイマー型患者数は510万人（65歳以上人口の11.0％）であるが，2025 │
│　年には710万人（65歳以上人口の11.2％），2050年には1,380万人（65歳以上人口の │
│　15.6％）に増加すると推計されている。2050年の1,380万人は，以前の推計値 │
│　1,600万人より下方修正されている。また，イギリスの2011年における65歳以上の │
│　認知症患者数は67.0万人（65歳以上人口の6.5％）と推計され，20年前の推計値 │
│　（88.4万人，8.3％）より大幅に下方修正されている。日本でも，生活習慣病対策 │
│　などにより認知症発症率が低下することが期待される。 │
└───┘

を営むのに支障がある者に対して，福祉サービスを適切に利用できるよう助け，これに伴う日常的金銭管理等をあわせて行う仕組みである。全国どこでも対応できる仕組みが必要であること，適正に実施するための一定の組織管理・財務体制を確保している必要があること等の理由から，都道府県社会福祉協議会に，①「福祉サービス利用援助事業が都道府県の区域内においてあまねく実施されるために必要な事業」，②「当該事業に従事する者の資質の向上のための事業」，③「福祉サービス利用援助事業に関する普及及び啓発の実施」を義務づけている（社会福祉法第81条）。

　1999年10月から「地域福祉権利擁護事業」（2007年度から「日常生活自立支援事業」）の名称で，都道府県社会福祉協議会を実施主体とした国庫補助事業が開始されている。成年後見制度が財産管理及び身上監護に関する契約等の法律行為全般を行う仕組みであるのに対し，日常生活自立支援事業は利用者ができる限り地域で自立した生活を継続していくために必要なものとして，福祉サービスの利用援助やそれに付随した日常的な金銭管理等の援助を行うことが目的である。

6　成年後見

　社会福祉の分野のうち司法機関の役割の大きい司法福祉と言われる分野の一つに成年後見制度がある。この制度は，認知症の高齢者，知的障害者など意思表示・判断能力の不十分な人の財産管理や身上監護を支援するための制度である。成年後見制度は1999年の民法改正で従来の禁治産制度に代わって制定され，2000年4月1日に施行された。民法に基づく法定後見と，任意後見契約に関する法律に基づく任意後見とがある（狭義には法定後見のみを指すが，広義の成年後見制度には任意後見を含む）。法定後見は民法の規定に従い，意思能力が十分でない者の行為能力を制限し（代理権の付与のみが行われている補助の場合を除く），その者を保護するとともに取引の円滑を図る制度をいう。

　法定後見は意思能力の少ない方から順に後見，保佐，補助に分けられる。それぞれ後見人，保佐人，補助人が4親等以内の親族等や市町村長からの申し立てにより，または家庭裁判所が自ら選任し，法務局に登記する。選任されるのは親族，社会福祉士等の個人だけでなく，法人でもよいとされたので，社会福祉協議会等がなっている場合も多い。後見人は日用品の購入など日常生活に関するものを除き，被後見人が行った法律行為を取り消すことができる。

　任意後見は将来の後見人の候補者を本人があらかじめ選任しておくものである。法定後見が裁判所の審判によるものであるのに対し，任意後見は契約で後見人候補者と本人が契約当事者である。この契約は公正証書によって行われる。将来後見人となることを引き受けた者を任意後見受任者といい，任意後見が発効すると受任者は任意後見人となる。任意後見人の行為は定期的に裁判所の選任する任意後見監督人により監督を受ける。

第4節　障害者福祉

1　障害者福祉の目的

　障害者福祉の目的は，身体または精神の障害のために社会的・経済的不利を負いやすい障害者が，ノーマライゼーション（障害の有無にかかわらず社会の一

員としてあらゆる分野で活動することができる社会の形成）という理念のもとに自立と社会参加を実現することにある。このため，障害者基本法を柱として，障害者総合支援法，身体障害者福祉法，知的障害者福祉法および児童福祉法に基づき障害者福祉施策が展開され，医療・教育・雇用・所得保障など各分野にわたる総合的な施策が推進されている。

2　障害者福祉施策の展開

　戦後の障害者福祉の発展は，制度の整備や施設の充実がその中心であった。しかし，1981年の国際障害者年以降はノーマライゼーションという理念のもとに，国際的な障害者福祉の進展と歩調をあわせて障害者施策が推進されていった。

（1）障害者基本法の制定およびその後の改正

　1982年に国際連合（以下，国連）は「障害者に関する世界行動計画」を採択し，1983年から1992年の10年間を国連・障害者の10年と宣言して，各国においても行動計画を策定し，障害者の福祉を増進するよう提唱した。これを受けて日本では1982年に「障害者対策に関する長期計画」（1982～1992年度）が策定された。1987年（国連・障害者の10年の中間年）には「障害者対策に関する長期計画：後期重点施策」（1987～1992年度）が策定され（表4-3），また，すべての障害者の雇用促進策の強化が図られた。

　「障害者対策に関する長期計画」（1982～1992年度）は「障害者対策に関する新長期計画」（1993～2002年度）に引き継がれた。また1993年に心身障害者対策基本法（1970年）が全面改正されて障害者基本法となった。障害者基本法の制定は国連・障害者の10年の成果を踏まえたものであり，1990年にアメリカで制定されたADA（障害をもつアメリカ人法）などの影響も受けている。障害者基本法（1993年）によって，障害のある者の「完全参加と平等」が基本理念に盛り込まれ，障害者の定義に従来の身体障害者・知的障害者とともに精神障害者が追加された。また，障害者基本法の規定によって1994年に総理府（現・内閣府）が初めて『障害者白書』を発表し，以後毎年発行されている。

表 4-3　障害者基本計画の動向

年	法　　律	長期計画	備　　考
1970	心身障害者対策基本法		
1982		障害者対策に関する長期計画 （1982〜1992年度）	国連障害者の十年の国内行動計画
1993	障害者基本法	障害者対策に関する新長期計画 （1993〜2002年度）	後期重点施策（1987〜1992年度） 障害者の自立とあらゆる分野の活動への参加の促進 障害者プラン〜ノーマライゼーション 7 か年戦略（1996〜2002年度）
2002		障害者基本計画（第 2 次） （2003〜2012年度）	重点施策実施 5 か年計画 　（2003〜2007年度）
2004	障害者基本法改正		中央障害者施策推進協議会 新重点施策実施 5 か年計画 　（2008〜2012年度）
2011	障害者基本法改正		「合理的配慮」，障害者政策委員会
2013		障害者基本計画（第 3 次） （2013〜2017年度）	障害者総合支援法施行
2014			国連の障害者権利条約批准
2016			障害者差別解消法施行
2018		障害者基本計画（第 4 次） （2018〜2022年度）	11分野で成果目標

出所：内閣府「障害者基本計画（第 4 次）」。

　1995年には1996年度を初年度とする「障害者プラン——ノーマライゼーション 7 か年戦略」（1996〜2002年度）が策定され，障害者施策に関して初めての数値目標が設定された。「障害者対策に関する新長期計画」（1993〜2002年度）を引き継いだ「障害者基本計画」（第 2 次：2003〜2012年度）の基本理念は前計画のリハビリテーションとノーマライゼーションを継承し，障害の有無にかかわらず，国民誰もが相互に人格と個性を尊重し支え合う「共生社会」の実現を目指している。障害者基本計画の具体的目標は「重点施策実施 5 か年計画」（2003〜2007年度，新障害者プラン——社会のバリアフリー化，利用者本位の支援），及び「新重点施策実施 5 か年計画」（2008〜2012年度）に掲げられた。障害者基本法は2004年に改正され，障害を理由とする差別等の禁止が明示されたほか，それまで努力義務であった都道府県および市町村における障害者計画の策定が義務化された。

2000年には身体障害者福祉法・知的障害者福祉法・児童福祉法等の改正が行われ，①障害者福祉サービスの利用方法を従来の措置から契約による利用へと変更する，②知的障害者及び障害児福祉に関する事務を市町村へ移譲する（身体障害者は1990年に移譲），③障害者の地域生活を支援するための事業（身体障害者生活訓練等事業・知的障害者デイサービス事業など）を法定化する，等が決められた。このうち障害者が契約によってサービスを利用する仕組みは「支援費制度」として2003年度から実施された。

（2）障害者自立支援法から障害者総合支援法へ

　2003年には障害福祉サービスを措置制度から契約制度に転換した「支援費制度」が施行された。支援費制度は福祉サービスを利用する障害者の自己決定の尊重，主体的なサービス利用という理念のもとに策定された制度であるが，これにより従来の措置制度のもとでは利用していなかった者が新たに利用するようになり，著しく利用者が急増し，サービス費用も大幅に増大した。さらに，全国共通の基準がないためサービス利用の地域差が大きく，精神障害者が対象となっていないなどの課題が明らかとなった。これらの課題解決に向けて障害者自立支援法が2005年に成立し，2006年4月に施行された。

　障害者自立支援法は「自立と共生の社会の実現」や「障害のある人が普通に暮らせる地域づくり」を目的とし，支援費制度の「自己決定と自己選択」および「利用者本位」の理念を継承しつつ，障害者保健福祉施策の抜本的な見直しを行ったものである。障害者自立支援法では身体・知的・精神の3障害の制度格差を解消し，福祉サービスの実施主体を市町村に一元化した。施設・事業体系を利用者本位のサービス体系に再編し，地域生活支援や就労支援を強化した。また，支給決定の透明化・明確化のために支援の必要度に関する客観的な尺度（障害程度区分）を導入した。増加するサービス利用に必要な財源を安定的に確保するため，在宅サービスに係る国と都道府県の負担を義務として明確にし，一方利用者も応分の負担（原則として1割負担）をすることになった。都道府県及び市町村は，障害者自立支援法により新たに障害福祉計画を策定することが義務づけられた。

　これまで支援費制度のもとで，無料かわずかな自己負担で済んでいた多くの障害者がこの法律で原則 1 割の自己負担が課せられる一方，これまで裁量的経費だった在宅サービスが国等の義務的経費になった。このほか障害者や関係団体等からは，事業経営の困難化，障害特性が反映されにくい新たな障害程度区分，等に対する抜本的な改善要求が強く出された。このため，法で定めた 3 年後の見直しを待たずに，その年の補正予算から改善措置が講じられることとなった。なお，2010年の改正で利用者負担は負担能力に応じた負担（応能負担）に改められ，発達障害者も障害者自立支援法の対象となった。

　国連は2006年の総会で「障害者権利条約」を採択した。障害者権利条約は，障害者の人権や基本的自由の享有を確保し，障害者の固有の尊厳の尊重を促進するため，障害者の権利の実現のための措置等を規定し，市民的・政治的権利，教育・保健・労働・雇用の権利，社会保障，余暇活動へのアクセスなど，様々な分野における取組を締約国に対して求めている。日本は2007年にこの条約に署名し，障害者権利条約は2008年に発効した。この条約の批准に向けた国内法整備の一環として，政府は2009年12月に障がい者制度改革推進本部を設置して，障害者虐待防止法の制定（2011年 6 月成立）障害者基本法の改正（2011年 7 月成立），障害者総合支援法の制定（2012年 6 月成立，2013年 4 月施行：障害者自立支援法を代替），障害者差別解消法の制定および障害者雇用促進法の改正（2013年 6 月成立，2016年 4 月施行），等を行った。その結果，2013年12月に障害者権利条約締結が国会で承認され，日本は2014年 1 月に障害者権利条約を批准した。

　障害者総合支援法は改正された障害者自立支援法を引き継ぎ，障害者の日常生活・社会生活に対する支援が総合的かつ計画的に行われることを法律の基本理念として新たに掲げ，障害支援区分の創設（障害程度区分を代替），サービス基盤の計画的整備，などを主な内容とした法律である。

　2011年の障害者基本法改正で新設された障害者政策委員会において，障害者施策の基本原則が見直され（地域社会における共生，差別の禁止，国際的協調，等の重視），障害者の自己決定の尊重を明記した第 3 次障害者基本計画（2013〜2017年度）が2013年に策定された。2018年には「共生社会の実現に向け，障害

者が自らの決定に基づき社会のあらゆる活動に参加し，その能力を最大限発揮して自己実現できるように支援する」ことを基本理念に掲げ，①安心・安全な生活環境の整備，②情報アクセシビリティの向上及び意思疎通支援の充実，③差別の解消・権利擁護の推進及び虐待の防止，④自立した生活の支援・意思決定支援の推進，⑤雇用・就業・経済的自立の支援，などを柱とする第4次障害者基本計画（2018〜2022年度）が策定された。

3　各障害者（児）福祉

（1）身体障害

　身体障害者福祉法（1949年）は身体障害者（身体上の障害がある18歳以上の者で，都道府県知事から身体障害者手帳の交付を受けている者）を対象として特別に制定された初めての法律で，身体障害者の職業復帰を目標としていた。この法律の対象は18歳以上の者で，18歳未満の者は児童福祉法による保護が行われる。1951年には児童福祉法・身体障害者福祉法・生活保護法の福祉3法に関する第一線機関として福祉事務所が設置された。これに伴い身体障害者福祉法の一部が改正され，法の目的が職業復帰より拡張された。また，18歳未満の身体障害児に対して身体障害者手帳が交付されるようになった。

　身体障害者福祉サービスの実施主体は市町村である。市町村は身体障害者のための診査や更生相談のほか，必要に応じて自立支援医療，補装具費の支給，各種施設の利用についての要請を行う。専門的な評価判定や相談指導，市町村間の連絡調整等を行う機関として，全国の都道府県・指定都市に身体障害者更生相談所が設置され（78ヵ所），専門職員として身体障害者福祉司等が配置されている。

　児童の身体障害は医学的治療や機能訓練などにより機能が回復する可能性も高い。したがって，早期発見・早期療育が最も大切である。在宅の障害児に対しては，児童相談所を中心として相談指導を行うとともに，早期訓練のための児童デイサービス事業，補装具費の支給，ホームヘルプサービスやショートステイによる日常生活の介護等が行われている。

（2）知的障害

　成人となった知的障害者に対する福祉対策の必要性から1960年に精神薄弱者福祉法が制定された。「精神薄弱」という用語は1999年度から「知的障害」という用語に改められた（なお，知的障害者福祉法には知的障害者の定義はない）。

　在宅の知的障害児・者に対しては，児童相談所（225カ所），知的障害者更生相談所（86カ所），および福祉事務所（1,250カ所）において児童福祉司，知的障害者福祉司を中心に専門のケースワーカーなどが相談に応じ，指導助言などを行うほか，必要に応じて巡回相談や家庭訪問により指導を行っている。

（3）精神障害

　日本の精神障害者施策は精神保健福祉法に基づいている。精神保健福祉法は1950年に精神衛生法として制定された。精神障害者に対して必要かつ適切な医療を保障することをその基本としており，精神障害の特殊性から強制的な入院措置等に関する規定が設けられているのが特徴的である。

　1987年に精神障害者の人権擁護と社会復帰の促進を柱とする法改正が行われ，名称も精神保健法と改められた。1993年の精神保健法改正では，精神障害者地域生活援助事業（グループホーム）の法定化や精神障害者社会復帰促進センターの設立などが図られた。

　1995年の精神保健法改正は精神障害者の社会復帰に向けた保健福祉施策の充実を図ることを目的とし，名称も「精神保健及び精神障害者福祉に関する法律（精神保健福祉法）」に改められた。精神保健福祉法では精神障害者を「統合失調症，精神作用物質による急性中毒又はその依存症，知的障害，精神病質その他の精神疾患を有する者」と定義している。本法の制定は，身体障害者福祉法（1949年）や精神薄弱者（知的障害者）福祉法（1960年）の福祉施策と比べはるかに遅れを取っていた精神障害者福祉法制が，それらの施策と整合する可能性を含む重要な転機となった。

　1999年には精神障害者の人権に配慮した医療の強化，都道府県等に設置された精神保健福祉センターの機能強化，地域生活支援センターの創設（2002年より施行）などが図られた。2005年には障害者自立支援法が成立し，それまで精

神保健福祉法に基づいて実施されていた精神障害者居宅生活支援事業（居宅介護等事業，短期入所事業，地域生活援助事業），通院医療，社会復帰施設は，いずれも障害者自立支援法に基づく新たなサービスとして実施されることになり，現在の障害者総合支援法に引き継がれている。また，2010年の障害者自立支援法改正で発達障害が精神障害に含まれるようになった。2013年の精神保健法改正では精神障害者の地域生活への移行を促進するため，精神障害者の医療に関する指針の策定，保護者制度の廃止，医療保護入院における入院手続等の見直し等が行われた（2014年度施行）。

1997年には精神保健福祉士法が制定された。精神保健福祉士は，精神障害者の社会復帰のための相談援助を行う専門職種であり，1998年度から国家試験が始まり，2021年6月末現在で約9.5万人が登録されている。

4　障害者の現状

厚生労働省の「平成28年 生活のしづらさなどに関する調査」（全国在宅障害児・者等実態調査）の結果によると，障害者手帳所持者数は全国で559.4万人と推計されている。その内訳は身体障害者手帳428.7万人，療育手帳（知的障害）96.2万人，精神障害者保健福祉手帳84.1万人であった（重複あり）。これに障害者手帳非所持でかつ障害者総合支援法に基づく自立支援給付等を受けている者33.8万人を加えると，総数は593.2万人（総人口の4.7%）となる。さらに，医師から発達障害と診断された者が31.8万人，高次脳機能障害と診断された者が42.2万人であった。

社会福祉施設調査によると，2019年10月1日現在，全国に障害者支援施設は2,561カ所，地域活動支援センターは2,935カ所，福祉ホームは140カ所ある。障害児の入所施設は福祉型255カ所，医療型218カ所ある。

内閣府の『障害者白書 令和3年版』によると日本の障害者総数はおよそ965万人で，総人口の7.6%を占めている。その内訳は，身体障害者（障害児を含む，以下同）436万人，知的障害者約109万人，精神障害者約419万人となっている（表4-4）。この表の身体障害者数および知的障害者数は「生活のしづらさなど

表 4-4　障害者数（推計）

（単位：万人）

		総　　数	在宅者	施設入所者
身体障害児・者	18歳未満	7.2	6.8	0.4
	18歳以上	419.5	412.5	7.0
	年齢不詳	9.3	9.3	0.0
	合　　計	436.0	428.7	7.3
	人口千対（人）	34	33	1
知的障害児・者	18歳未満	22.5	21.4	1.1
	18歳以上	85.1	72.9	12.2
	年齢不詳	1.8	1.8	0.0
	合　　計	109.4	96.2	13.2
	人口千対（人）	9	8	1
精神障害者	20歳未満	27.6	27.3	0.3
	20歳以上	391.6	361.8	29.8
	年齢不詳	0.7	0.7	0.0
	合　　計	419.3	389.1	30.2
	人口千対（人）	33	31	2

出所：内閣府『障害者白書 令和 3 年版』。

に関する調査」や「社会福祉施設等調査」に基づいて推計されているが，精神障害者数は患者調査を基に医療機関を利用した精神疾患のある患者数を推計したものであり，身体障害者数や知的障害者数に比べて精度が落ちるので注意を要する。表 4-4 によると精神障害者は全体で419万人と推計され，その内訳は精神科病院に入院している者約30万人，在宅で生活している者約389万人となるが，在宅の精神障害者保健福祉手帳所持者数は84万人であり，389万人と大きく乖離している。

　障害別に障害者のうち施設入所者の割合（精神障害の場合は入院患者の割合）をみると，身体障害1.7％，知的障害12.1％，精神障害7.2％と特に知的障害で施設入所割合が高い。

　以下は，「平成28年 生活のしづらさなどに関する調査」結果をもとに在宅障害者の生活実態を概観したものである。

　① 　同居者の状況は，65歳未満では「親と暮らしている」が53.6％，「夫婦で暮らしている」が26.1％で，「一人で暮らしている」は11.4％，65

歳以上では「夫婦で暮らしている」が54.8%,「子と暮らしている」が36.9%で,「一人で暮らしている」は16.2%であった。

② 公費負担医療制度を利用している割合は65歳未満で66.6%,65歳以上で51.4%であった。

③ 障害者総合支援法による福祉サービスを受けている者の割合は,65歳未満で32.0%,65歳以上で22.7%であった。

④ 介護保険法に基づくサービスを利用している者の割合は,65歳以上の障害者のうちで36.3%であった。

⑤ 日常生活の支援状況は,「福祉サービスを利用していない」と答えた者の割合が,65歳未満で48.4%,65歳以上で32.1%,「家族等の支援を受けていない」と答えた者の割合が,65歳未満で33.4%,65歳以上で24.0%であった(回答なしが多い)。

⑥ 障害者本人の1カ月当たりの平均収入は,6万円以上〜9万円未満と答えた者の割合が18歳以上〜65歳未満で26.1%,65歳以上で15.6%とそれぞれ最も多かった。

⑦ 障害者を含む世帯の生活保護の受給率は,障害者の年齢階級別に18歳未満3.0%,18歳以上〜65歳未満で8.6%,65歳以上は4.1%であった。

また,「平成30年 障害者雇用実態調査」によると,従業員5人以上の民間事業所における障害者の雇用状況は以下の通りである。

① 雇用者数は身体障害者42.3万人,知的障害者18.9万人,精神障害者20万人,発達障害者3.9万人であった。

② 正社員として働いている割合は身体障害者52.5%,知的障害者19.8%,精神障害者25.5%,発達障害者22.7%であった。

③ 週の所定労働時間が30時間以上の人の割合は身体障害者79.8%,知的障害者65.5%,精神障害者47.2%,発達障害者59.8%であった。

④ 2018年5月の平均賃金は,身体障害者21.5万円,知的障害者11.7万円,

精神障害者12.5万円，発達障害者12.7万円であった。

⑤　平均勤続年数は身体障害者10年 2 カ月，知的障害者 7 年 5 カ月，精神
　　障害者 3 年 2 カ月，発達障害者 3 年 4 カ月であった。

5　障害者支援

（1）障害給付

　障害者に対する国の予算は2010年度1.30兆円，2015年度1.72兆円，2021年度
2.45兆円と増加傾向にある（表 4 - 5）。社会保障給付費の中の障害給付額も同
様に増加傾向にあり，2019年度の障害給付費は4.90兆円（GDP の0.88%）であ
った（国立社会保障・人口問題研究所，2021）。2017/18年における先進諸国の障害
者給付の対 GDP 比はスウェーデン3.8%，ドイツ2.3%，イギリス1.9%，フラ
ンス1.7%，日本1.1%，アメリカ1.0%と，日本とアメリカが低い（表 5 - 2 参照）。

　障害児・者の所得補償としては，児童に対する特別児童扶養手当（後述）と，
成人になってからの障害年金がある。このうち20歳前からの障害者に対する障
害基礎年金は，所得制限のある年金であり，拠出原則の年金制度の例外となっ
ている。

（2）障害者雇用

　障害者雇用促進法に基づき，民間事業主・国・地方公共団体は「障害者雇用
率」に相当する数以上の障害者雇用が義務づけられている。この制度の対象は，
当初は常用雇用労働者301人以上の企業に限られていたが，次第に適用範囲が
拡大され，2013年 4 月からは法定雇用率が2.0%に引き上げられ，対象も50人
以上の企業に拡大した。2013年の障害者雇用促進法改正（施行は2016年度）では，
雇用の分野における障害者に対する差別の禁止及び障害者が職場で働くに当た
っての支障を改善するための措置（合理的配慮の提供義務）を定めるとともに，
法定雇用率の算定基礎に精神障害者を加えることとされた。さらに，2018年 4
月からは法定雇用率が2.2%に引き上げられ（表 4 - 5），2021年 4 月からは2.3
%（対象は43.5人以上の企業）に引き上げられた。

　2020年 6 月 1 日現在の雇用障害者数は57万8,292人（障害者である労働者の実数

表4-5 障害に関する支出及び民間企業における障害者雇用

年度	障害に関する支出（10億円）		民間企業における障害者雇用（各年6月1日）		
	社会保障給付費	障害者施策関係	法定雇用率	実雇用率	雇用されている
	障害給付額	予算（国）	（％）	（％）	障害者数（千人）
2010	3,398	1,297	1.8	1.68	343
2011	3,535	1,357	1.8	1.65	366
2012	3,765	1,471	1.8	1.69	382
2013	3,925	1,602	2.0	1.76	409
2014	4,012	1,623	2.0	1.82	431
2015	4,283	1,723	2.0	1.88	453
2016	4,411	1,814	2.0	1.92	474
2017	4,562	1,928	2.0	1.97	496
2018	4,751	2,044	2.2	2.05	535
2019	4,900	2,211	2.2	2.11	561
2020		2,362	2.2	2.15	578
2021		2,448	2.3		

出所：内閣府（2021）『障害者白書 令和3年版』などに基づき筆者作成。

は47万9,989人）で，その内訳は身体障害者35.6万人，知的障害者13.4万人，精神障害者8.8万人であった（内閣府，2021）。民間企業が雇用している障害者の割合（実雇用率）は平均で2.15％まで上昇し（表4-5），1,000人以上の企業では2.36％となった。また，法定雇用率を達成した企業の割合は48.6％となった（内閣府，2021）。法定雇用率が達成されない場合，不足1人につき月額5万円の障害者雇用納付金の支払いを義務づけられ（対象は100人超の企業），納付金は達成企業への調整金・報奨金・助成金に充てられる。

（3）障害者が住みやすい社会に向けて

国連の障害者権利条約は障害者の人権および基本的自由の享有を確保し，障害者の固有の尊厳の尊重を促進することを目的として，障害者の権利の実現のための措置等について定めている。日本の障害者施策も，すべての国民が障害の有無にかかわらず，等しく基本的人権を享有するかけがえのない個人として尊重されるという理念にのっとり，全ての国民が障害の有無によって分け隔てられることなく，相互に人格と個性を尊重し合いながら共生する社会の実現を目指して講じられる必要がある（内閣府，2018）。このような共生社会の実現に

向け，障害者を「必要な支援を受けながら自らの決定に基づき社会のあらゆる活動に参加する主体」として捉え，障害者が自らの能力を最大限発揮し自己実現できるよう支援するとともに，障害者の活動を制限し，社会への参加を制約している社会的な障壁を除去するため，国・地方自治体・企業・国民が力を合わせて取り組まなければならない（内閣府，2018）。

すべての障害者が，障害者でない者と平等に，基本的人権を享有する個人として，その尊厳が重んぜられ，その尊厳にふさわしい生活を保障される権利を有することを前提に，「社会を構成する一員として社会・経済・文化・その他のあらゆる分野の活動に参加する機会の確保」「地域社会において他の人々と共生することを妨げられず，どこで誰と生活するかについて選択する機会の確保」「障害に基づくあらゆる差別を禁止するとともに，社会的障壁を除去するための合理的配慮が提供されること」を実現させるためには，格差社会を是正するという大きな initiative の中で障害者支援を考える必要があり，障害者抜きで障害者政策を決めない[1]という考え方の下に，障害者施策の意思決定過程（企画から評価まで）に障害者が参画して障害者の視点を施策に反映させることが求められる。

ノーマライゼーションという言葉は日本でもすっかり定着しているが，障害者支援はまだ日本に定着しているとは言えない。2020パラリンピック東京大会は「すべての人が自己ベストを目指し，一人ひとりが互いを認め合い（多様性と調和），そして，未来につなげよう」を3つの基本コンセプトとして2021年に開催され，障害者に対する理解と共感を深めるのに役立った。障害者の自立及び社会参加を促進するには，国や地方自治体などの行政だけでなく社会全体で取り組まなければならず，国民の連帯意識が重要である。障害者支援にはその手段として認定制度が必要であるが，根底には障害者を特別な人と捉えることなく，その社会参加を支援する共生社会の発想が求められる。障害者の社会参加が進んで，障害者だけを対象とした制度が縮小していくことが望まれる。

第5節　児童家庭福祉

1　児童福祉

　児童福祉法は1947年に制定され，18歳未満のすべての子どもの健全育成と福祉の向上を図ることを目的にした児童の福祉の基本的な法律である。児童福祉法では児童の国籍を限定していない。1947年当時は戦災孤児等の保護救済が目的であったが，社会的支援を必要とする児童の状況は大きく変化し，一人ひとりの児童が自立した社会人として生きていくことができるように支援していくことが児童自立支援施策の基本理念となった。1997年の児童福祉法改正により，市町村が職権で各児童の保育所を決定するという措置制度が廃止され，保護者が自由に保育所を選択する仕組みに改められた。1997年の改正では，児童福祉施設の名称・機能の見直し，児童家庭支援センターの創設，里親制度の拡充，なども行われた。

　2005年4月から市町村は児童と家庭に関する一義的な相談窓口とされ，児童相談所はより専門的知識・技術を必要とするケースへの対応，市町村支援として位置づけられた。児童相談所は都道府県・指定都市には設置義務があり，中核市は任意設置である（2016年の児童福祉法改正により，特別区においても児童相談所の設置が可能となった）。2019年度中に児童相談所が対応した相談件数は54.5万件であった（「福祉行政報告例」）。これを相談の種類別にみると，「養護相談」が相談件数の49％で最も多く，次いで「障害相談」（同35％），「育成相談」（同8％）となっている。養護相談のうち72％は児童虐待相談で19.4万件あった。

　児童虐待への対応については，児童虐待防止法が2000年に施行された。2004年，2007年及び2017年には児童虐待防止法及び児童福祉法が改正され，安全確認に関する基本ルールの設定，児童等の保護についての司法関与の強化など，取り組みが強化されてきた。2016年には児童福祉法が改正されて，子どもが権利の主体であること及び家庭養育優先などの理念が明確化され，母子健康包括支援センターの全国展開，市町村および児童相談所の体制強化（設置主体とし

て新たに特別区を追加，など），里親委託の推進等が打ち出された。さらに2019年の児童福祉法改正では児童虐待防止対策の強化を図るため，児童の権利擁護（体罰の禁止の法定化等），児童相談所の体制強化及び設置促進（都道府県による人材確保の支援，中核市・特別区の児童相談所設置に係る支援，等），関係機関間の連携強化などが講じられた。しかしながら，子どもが死亡するなどの重大な児童虐待事件は後を絶たない。全国の児童相談所が2020年度に対応した児童虐待は20.5万件で，過去最多を更新した。主な加害者は実母が48％と最も多く，次いで実父が41％となっており，実父の構成割合は年々上昇している。虐待の種類では心理的虐待が59.2％，身体的虐待が24.4％，ネグレクトが15.3％であった。

　児童福祉法では児童福祉にかかわる資格として，児童福祉司，児童委員，保育士を規定している。児童福祉司は相談・援助や調査業務，児童の保護を行う。児童委員は市町村の区域で児童とその家庭の福祉に関する援助・指導を行う（民生委員が児童委員を務める）。保育士は児童の保育及び保護者への保育に関する指導を行う。

　「国際的な子の奪取の民事面に関する条約」は，1980年10月に採択され1983年12月に発効したハーグ条約の一つである。子どもの利益の保護を目的として，親権を侵害する国境を越えた子どもの強制的な連れ去りや引き止めなどがあったときに，迅速かつ確実に子どもをもとの国に返還する国際協力の仕組み等を定める多国間条約で，日本は国内法の改正が必要となるため条約締結には消極的であった。しかし，近年，国際結婚後，欧米に移住した日本人女性が結婚の破綻後に子どもを日本に連れて戻った結果，子どもを連れ去られた外国人の配偶者が長年にわたり（あるいは半永久的に）子どもから引き離されて救済手段がないという事態が増加し，欧米加盟国から日本の加盟が要求されていた。このため，日本は国内法制との整合性調整等を経て，2013年5月にこの条約への加盟が国会で承認された。

2　母子・寡婦福祉

　1964年に母子福祉法が制定された。対象は20歳未満の子どもがいる母子家庭

である。母子福祉法は1981年に母子及び寡婦福祉法に改められた。2002年の改正では，母子家庭等の自立を促進するため子育て支援の拡充，就業支援の強化，扶養義務履行の確保，児童扶養手当制度の見直し等が行われた。また，2014年の法改正で母子及び父子並びに寡婦福祉法に改められた。

　母子家庭の母親の就業率は約82％と低くないが，母子世帯の平均年収は348万円と一般世帯に比べて低く（2016年度全国ひとり親世帯等調査），生活保護を受給している割合も母子世帯で高い。母子家庭の自立を図るためには，母子家庭の母親の仕事と育児の両立支援策とあわせて，条件の良い雇用先の確保が可能となるような技術習得等を支援していくことが大きな課題となっている。児童扶養手当は母子家庭（及び父子家庭）の生活の安定のために支給される手当である。手当の支給対象児童の母または父（もしくは養育者）が受給者となる。財源は税金（国3分の1，都道府県3分の2）で，所得制限がある。手当の額（全額支給の場合）は対象児童1人の場合は月額4万3,160円，2人の場合は5万3,350円（3人目以降，1人増えるごとに6,110円加算）である。児童扶養手当は2010年8月から父子家庭の父にも支給されるように改正された。また，2017年度から物価スライド制が導入された。受給者数は2019年度末で約90万1,000人である（「福祉行政報告例」）。特別児童扶養手当は，一定の障害があり施設に入所していない児童の父母に支給される手当で，財源は税金，所得制限がある。月額は1級の場合5万2,500円，2級の場合3万4,970円である。受給者数は2019年度末で24万人である。

　福祉事務所においては，母子家庭の福祉に関する業務を行うほか，母子自立支援員が母子家庭の自立に必要な相談・指導に当たっている。母子福祉関係施設としては母子及び父子並びに寡婦福祉法に基づき母子・父子福祉センター（58ヵ所），母子・父子休養ホーム（2ヵ所），児童福祉法に基づき母子生活支援施設（219ヵ所）が設置されている。

　婦人保護事業は，売春防止法（1956年）に基づく要保護女子の保護更生及び配偶者暴力防止法（2001年）に基づく暴力被害女性の保護などを行っている。事業の実施機関は婦人相談所（49ヵ所）や婦人保護施設（39都道府県に47ヵ所）

┌─ コラム　各国の児童手当 ──────────────────────

　イギリスの児童手当は16歳未満の子を対象に第1子から支給され（第1子の方が
第2子以降より高額），フランスの児童手当は20歳未満の子を対象に第2子から支
給される（第3子以降の方が第2子より高額）。ドイツでは子どものいる家庭は児
童手当（原則として給与に対する所得税の源泉徴収額から税額控除される方法で支
給）又は児童控除を受けることができ，児童手当は原則として18歳未満のすべての
子どもを対象に支払われる（第1子・第2子より第3子以降の方が高額）。スウェ
ーデンの児童手当は16歳未満のすべての子に支給され，子の人数が増えるごとに多
子加算が行われる。いずれの国でも親の所得によって支給対象外になることはない。
一方，アメリカには税制上の児童扶養控除はあるが児童手当はない。

└──────────────────────────────────────

などである。婦人相談員（1,447人）は要保護女子等の発見，相談及び必要な指
導などの業務を行い，婦人相談所や福祉事務所などに配置されている。

3　健全育成施策

　一般の児童を対象にその健全育成のために各種施策が実施されている。育児
支援策としては児童手当（子ども手当）と保育所サービスがその代表例である。
児童手当は1972年1月から実施され，2010・11年度からは子ども手当が支給さ
れた。主要ヨーロッパ諸国では児童手当には所得制限はないのが一般的である
が，日本の児童手当には所得制限がある。所得制限限度額は次第に緩和され
2006年度以降の支給率はおよそ90％であった。2009年度の児童手当は，3歳未
満は1万円，3歳～小学生は第1子・第2子5,000円，第3子以降1万円で，
年間支給総額は1兆200億円（国2,700億円，地方5,700億円，事業主1,800億円）で
あったが，2010～2011年度は子ども手当（中学生まで1人月額1.3万円）が所得に
関係なく支給され，年間支給総額は2.9兆円に増加した。2012年度からは再び
児童手当にもどり，所得制限付きの拡充された児童手当（3歳未満は1.5万円，
3歳～中学生まで1万円；ただし，小学生までの第3子以降は1.5万円）が支給されて
いる。

　2021年4月現在，保育所等（認定こども園等を含む）の施設数は3万8,666,

表4-6　保育所の概況（各年4月1日現在）

	2005	2010	2015	2017	2020	2021
施設数	22,570	23,069	28,783	32,793	37,652	38,666
定員数（千人）	2,053	2,158	2,532	2,703	2,967	3,017
利用児童数（千人）	1,994	2,080	2,374	2,547	2,737	2,742
待機児童数（人）	23,338	26,275	23,167	26,081	12,439	5,643

注：2015年から認定こども園等を含む。
出所：厚生労働省「保育所等関連状況取りまとめ」（2021年8月）。

定員は301.7万人と増加を続け，保育所待機児童数は1万人を下回った（表4-6）。保育所は自由に選べるようにはなったが，全体としては不足しており，通勤路に適当な保育所がない場合は選択されないといった需要の偏在も指摘される。なお，費用の払い方は，措置制度当時と同様に親の経済力に応じた応能負担となっている。保育所不足に対応するため，保育ママという自宅で3歳未満児を預かる制度も，児童福祉法が改正され2009年から実施されている。

　児童更生施設には児童館と児童遊園がある。民生委員・児童委員のうち児童福祉に関する事項を専門的に担当する児童委員として主任児童委員がすべての地域に複数人配置されている。

4　少子化対応

　2020年の出生数は84.1万人で，死亡数137.3万人を大幅に下回った。2017年4月の人口推計（中位推計）によると，2063年には1955年と同様の約9,000万人の人口になると見込まれている。

　日本の出生率（TFR：Total Fertility Rate）は第二次ベビーブーム（1971〜1974年）が過ぎた翌年（1975年）には2.0を切り1.91まで低下した。出生率はその後も低下し続け，1990年には前年の出生率が1.57と過去最低を記録したことが判明し，「1.57ショック」という言葉がマスメディアを賑わし，日本社会が少子化問題を認識する契機となった。1994年には1995年度からの10年間における子育て支援総合計画であるエンゼルプランが策定された。少子化対策は2000年代に入って次世代育成支援，ワーク・ライフ・バランス，子ども・子育てビジョ

```
┌── コラム　1.57ショック ──────────────────────

　　日本では1990年に前年の合計出生率が1.57にまで落ち込んだことがわかり，丙
　午（ひのえうま）で1.58まで下がった1966年の水準をも下回ったことから「1.57
　ショック」と呼ばれ，少子化傾向の深刻化が象徴的に表現されるようになった。そ
　れまであまり正面から取り上げることのなかった政府も，これ以降，少子化対策に
　着手したが，少子化は止まっていない。合計出生率は2005年の1.26を底に2015年
　には1.45まで回復したが，その後再び低下し，2020年は1.34となった。ドイツが
　2015年以降1.5を上回っているのと対照的である。
```

ンなどを経て，2012年8月に成立した子ども・子育て関連3法に基づく子ど
も・子育て支援新制度へと引き継がれていった。民間企業を巻き込んだ少子化
対策や仕事と家庭の両立（ワーク・ライフ・バランス）のため次世代育成支援法
が制定され，2011年4月からは，101人以上の企業には，仕事と家庭の両立を
支援するための雇用環境の整備等について一般事業主行動計画を策定する義務
が生じている。また，2010年代には従来の年金・医療・介護に加えて子育て支
援が大きくクローズアップされた。

　育児・介護休業法も逐次改正されてきており，2010年から（2012年7月からは
従業員100人以下の事業主にも適用）は労働者の申し出により子どもが1歳に達す
るまでの間，育児休業を取ることができ，時間外労働の制限や看護休暇の取得
が可能であり，また3歳までの子どもを養育している労働者には勤務時間の短
縮等の措置を取ることとされている。育児休業中は，休業前賃金の50％の育児
休業給付が雇用保険により支給され，厚生年金の保険料・健康保険料が申請に
より被保険者負担分及び事業主負担分ともに免除される。さらに，父（母）親
も育児休業を母（父）親と共に取る場合は，子が1歳2カ月に達する日まで取
得可能となった。2014年度から育児休業給付は休業開始から6カ月間は休業前
賃金の67％に引き上げられた。

　2016年3月には育児・介護休業法の一部改正が行われ，2017年1月から①介
護休業の分割取得，②子の看護休暇や介護休暇の半日単位の取得，③介護のた
めの所定労働時間の短縮や所定外労働の制限，④有期契約労働者の育児休業の

図 4 - 3　家族給付の GDP 比（2017/18年：横軸）と TFR（2018/19
　　　　　年：縦軸）の散布図

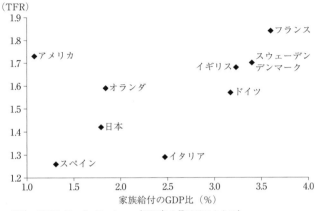

出所：OECD Family Database.（2021年 6 月10日アクセス）

取得要件の緩和，⑤育児休業の対象となる子の範囲の拡大，⑥介護休業給付の
休業前賃金の40％から67％への引き上げ（2018年 8 月以降の休業），などの改正
が行われた。

　2017年の改正で育児休業期間は最長 2 歳まで延長できるようになり，育児休
業給付の支給期間も延長された。また，育児・介護休業法施行規則等が改正さ
れ，2021年 1 月からは育児や介護を行う労働者が子の看護休暇や介護休暇を時
間単位で取得できるようになった。2021年 6 月にも育児・介護休業法が改正さ
れ，男性の育児休業取得促進のための子の出生直後の時期における柔軟な育児
休業の枠組みの創設，育児休業の分割取得，有期雇用労働者の育児・介護休業
取得要件の緩和，などの改正が行われた。

　図 4 - 3 は先進諸国の家族給付の GDP 比と出生率（TFR）の散布図を示した
ものである。この図から日本は家族給付が少なく，出生率も低いということが
わかる。アメリカの家族給付は日本よりさらに少ないが，出生率 TFR は1.7
を上回っている。

第6節　地域福祉

1　地域福祉と社会福祉法

　地域福祉及び社会福祉基礎構造改革を推進するための中心的な法律が社会福祉法である。社会事業全般に関する基本的法律として，1938年に社会事業法が制定された。1951年にこの法律は社会福祉事業法に改正され，さらに2000年に社会福祉法に改正された。社会福祉法の理念は①自立の支援，②地域福祉の推進，③選択による利用が可能となるようなサービス基盤の整備，④利用者の意向を尊重したサービス提供，などである。また，地域福祉を推進するため，市町村地域福祉計画および都道府県地域福祉支援計画が策定される。

2　地域福祉の推進

（1）推進組織

　社会福祉法に基づく福祉事務所は，社会福祉行政の第一線機関である。福祉事務所は都道府県・市・特別区に設置が義務づけられ，町村は任意で設置することができる。市町村の福祉事務所は福祉6法を所管しているが，老人福祉，身体障害者福祉及び知的障害者福祉分野において都道府県から市町村へ権限移譲されたことに伴い，都道府県福祉事務所では生活保護法，児童福祉法，母子及び寡婦福祉法だけを所管することになった。福祉事務所の中には，市の本所に併設されるところや，法定外業務も取り込んだ総合福祉センターといった形態をとるところもある。

　社会福祉協議会（社協）は，地域福祉の推進にあたり主要な役割を持つ民間団体であり，市町村および地区社協，都道府県社協，社協連合会が規定されている。

　2016年の社会福祉法改正で社会福祉法人制度改革（ガバナンスの強化・事業運営の透明性の向上，福祉人材の確保の促進）が行われた。2019年末現在の社会福祉法人数は2万933で，その88%が施設経営法人で，社会福祉協議会は1,893法人であった。

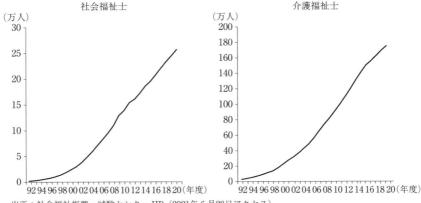

図 4 - 4　社会福祉士および介護福祉士の登録者数：1992-2020年度（年度末）

出所：社会福祉振興・試験センターHP（2021年 6 月28日アクセス）。

（2）地域福祉を支えるマンパワー

　福祉事務所には，所長の他に，査察指導員や現業員が置かれており，地方交付税の算定基礎における被保護世帯から算定した標準数の職員数が望まれている。

　社会福祉事業に従事する者の確保を促進するため，都道府県ごとに 1 つ都道府県福祉人材センター（都道府県知事が指定）を，全国に 1 つ中央福祉人材センター（厚生労働大臣が指定）を指定することができる（いずれも社会福祉法人）。

　社会福祉士，介護福祉士及び精神保健福祉士は社会福祉の分野における公的資格制度である。社会福祉士は福祉に関する相談援助業務を行う者についての資格，介護福祉士は介護および介護指導業務を行う者についての資格，精神保健福祉士は精神障害者の相談援助業務を行う者についての資格である（ただし，名称独占ではあるが，業務独占ではない）。社会福祉士および介護福祉士の登録者数は増加を続け（図 4 - 4），2020年度末の登録者数は社会福祉士25.7万人，介護福祉士175.4万人である。

3　社会福祉の基盤整備

(1) 民生委員法（1948年）

　民生委員の任期は3年で，3年ごとに一斉改選される。2019年度末現在の全国の委嘱数は22.9万人（総人口の0.18％）である。民生委員は福祉事務所長等の保護事務に協力する協力機関である。児童委員は要保護児童を発見したとき児童相談所等へ通告し，保護者が児童虐待を行っている場合に立ち入り調査を行う。都道府県知事は民生委員の定数を定め，厚生労働大臣に対して民生委員を推薦する。都道府県知事の推薦によって，厚生労働大臣が民生委員を委嘱する。

(2) 日本赤十字社法（1952年）

　世界最大の人道機関といわれる国際赤十字の起源は1863年まで遡る。1965年に赤十字基本原則が宣言された。7つの普遍的原則は人道，公平（非差別の原則，比例の原則），中立（軍事的・イデオロギー的中立），独立（その国の法律に従うが，公権力から独立），奉仕，単一（各国に一つの赤十字社），世界性（各赤十字社の平等・連帯）である。

　日本赤十字社は国際赤十字の日本における支部である。日本赤十字社には6.8万人（2019年度末）の職員が働いている。日本赤十字社が社会福祉事業を行う際は社会福祉法人とみなされる。

第7節　貧困問題

1　生活困窮者自立支援

　暮らしに困っている人々が抱える課題は，経済的な問題に加えて社会的な孤立などがあり，それらが複雑に絡み合った場合もある。複雑な課題を抱えて現行の制度だけでは自立支援が難しい人に対して，生活全般にわたる包括的な支援を提供する仕組みを整備するため，生活困窮者自立支援法が2013年に成立し，2015年4月から「生活困窮者自立支援制度」がスタートした。

　新制度においては，全国の福祉事務所設置自治体が実施主体となって，官民

協働による地域の支援体制を構築し，自立相談支援事業，住居確保給付金の支給，就労準備支援事業，一時生活支援事業，家計相談支援事業，学習支援事業その他生活困窮者の自立の促進に関し包括的な事業を実施する。自立相談支援事業は，生活困窮者からの相談に早期かつ包括的に応ずる相談窓口となり，生活困窮者の抱えている課題を適切に評価・分析し，その課題を踏まえた「自立支援計画」を作成するなどの支援を行う。自立相談支援事業の実施，住居確保給付金の支給については，福祉事務所設置自治体が必ず実施しなければならない必須事業として位置付けられている一方，その他の事業については，地域の実情に応じて実施する任意事業とされている。

　生活困窮者自立支援制度は「現在は生活保護を受給していないが，生活保護に至るおそれがある人で，自立が見込まれる人」を対象に，困りごとにかかわる相談に応じ，安定した生活に向けて仕事や住まい，子どもの学習などさまざまな面で支援するものである。生活保護から脱却した人でも，再び最低限の生活を維持できなくなることがないよう支援の対象となる。

2　公的貸付制度等

　日本で生活保護へのニーズが高いのは，失業給付が最長で1年程度と短く，雇用保険受給後の所得保障がないことが原因とする意見がある。これに沿うように，厚生労働省は2008年度から住居を確保するための就職安定資金融資や住宅手当緊急特別措置による給付を開始した。2009年度からは，職業訓練を条件に生活費を貸し付ける訓練・生活支援給付制度も発足させている。

　その他，一般の人も含め広く貸付をしているのが，社会福祉協議会が実施している生活福祉資金貸付制度である。貸付金の用途が広く，対象者も多岐にわたっており，緊急の場合の小口資金の貸し付けもある。新型コロナウイルス感染症の影響を踏まえ，貸付の対象世帯を低所得世帯以外に拡大し，休業や失業等により生活資金で悩んでいる人に緊急小口資金等の特例貸付を実施している。さらに再貸付を終了した世帯や，再貸付について不承認とされた世帯に対して「新型コロナウイルス感染症生活困窮者自立支援金」が支給されている。

3　ホームレス

生活保護に隣接する問題として，ホームレスの問題がある。2002年に「ホームレスの自立の支援等に関する特別措置法」が制定され，その中で，ホームレスは「都市公園，河川，道路，駅舎その他の施設を故なく起居の場所として日常生活を営んでいる者」と定義されている。2003年にホームレスの実態に関する全国調査が行われ，全国のホームレスの人数は2万5,296人とされた。その後，2007年からは毎年調査が実施され，ホームレスの人数は年々減少している（その一因として，発見されにくくなっていることが考えられる）。2019年の調査では，全国のホームレスの数は4,555人（東京都1,126人，大阪府1,064人，など）で，大部分が男性である。生活保護法上は現在地保護や緊急保護の規程があるが，住所のないホームレスは福祉事務所としては生活指導も行いにくく，事実上保護しにくい状況にあった。ホームレス対策は主に大都市の問題で，ホームレスへの取り組みでは就労支援や居住確保の他，ホームレスの中には多重債務者，アルコール依存の者，精神疾患を抱える者等もいることから，そうした事由への対処も重要となっている。

4　貧困問題

1990年代より日本でも貧困率が上昇し，このため貧困の研究が活発化してきた。貧困の定義には絶対的貧困と相対的貧困があるが，相対的貧困率[2]がよく使われている。65歳以上人口の相対的貧困率は総人口のそれより低いことが多いが，日本・イギリス・アメリカでは65歳以上人口の方が総人口より高い（OECD Income Distribution Database）。2017/18年における日本の相対的貧困率は15.7％で，図4-5の10カ国の中でアメリカ（17.8％）に次いで高い。日本の貧困率は確実に上昇しており，何らかの政策的介入が必要である。低所得世帯の子どもへの支援策は特に重要である。給付面では，高齢者への給付を減らすことなく，子どもの貧困を防ぐため児童手当などの家族給付を増やすことが求められ，負担面では税や社会保険料による所得再分配機能をもっと充実させることが求められている[3]。

図 4 - 5　先進諸国の総人口のジニ係数と相対的貧困率（可処分所得）：2017/18年

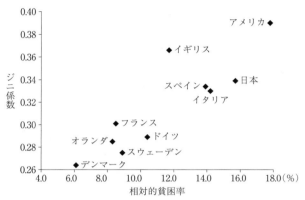

注：日本は2015年。
出所：OECD Income Distribution Database.（2021年 6 月10日アクセス）

　新しい貧困は所得だけで測るものではない。最近では相対的剥離（Relative Deprivation）や社会的排除（Social Exclusion）という概念が提起されている。相対的剥離とは，人々が社会で通常手に入れることのできる物（衣服，住宅，居住設備，など）に事欠いている状態で，かつ一般に経験されているか享受されている活動（雇用，教育，レクリエーション，家族での活動，社会活動，社会関係）に参加できない，ないしはアクセスできない状態のことを指す。世帯所得400〜500万円を閾値として，その水準以下で相対的剥奪指標が急増する。社会的排除は，個人や一定の集団が社会を構成する権利や義務から切り離され，それらの人々の社会参加が阻害されていく過程を示した用語である。

┌─ コラム　生活保護と暴力団 ─────────────────────
│　生活保護の問題の一つに，暴力団への対応がある。福祉事務所が組織として対応
│を協議した上で 2 人以上で対応する，相手の連絡先の確認，記録を取る，安易に期
│待を持たせる発言をしない，面会時間を限って始め時間内に必ず終わる，帰らない
│場合は不退去罪などを検討する，といったことが重要である。さらには警察と事前
│に相談することが必要な場合もあるだろう。
└─────────────────────────────────────

　日本でもセーフティネットに対する不安の高まりから，その解決策の一つとして生活保護・失業給付・子育て支援などさまざまな個別の所得保障をまとめて包括的に最低限度の生活を保障するため国民一人ひとりに一定額の現金を給付するベーシックインカムという仕組みに関心が高まっている。ベーシックインカムはすべての国民が所得や資産などにかかわらず一定額を国から受け取れる仕組みで，人口知能（AI）やロボットによる自動化やグローバル化で雇用が奪われ，貧富の差がさらに拡大する懸念を緩和してくれるという期待もある。世界のいくつかの国・地域で先進的な導入実験が行われているが，一般的にベーシックインカムの導入には莫大な財源が必要になり，さまざまな問題も付随する。

注
⑴　Nothing About Us Without Us.
⑵　相対的貧困率は成人 1 人当たりに換算した可処分所得の中央値の50％（又は60 ％）以下の人口（または世帯）の総人口（または総世帯）に占める割合で，所得格差を示す指標としてジニ係数とともによく用いられている。
⑶　磯部（2010）。

参考文献
磯部文雄（2010）「低所得世帯の子どもへの支援策」『社会保険旬報』2010年 8 月 1 日号。
宇山勝儀・船水浩行編著（2010）『社会福祉行政論』ミネルヴァ書房。
厚生労働省（2018）「平成28年 生活のしづらさなどに関する調査（全国在宅障害児・者等実態調査）結果」。
国立社会保障・人口問題研究所（2021）「令和元年度社会保障費用統計」。
内閣府（2018）『障害者基本計画 第 4 次』。
内閣府（2021）『障害者白書 令和 3 年版』。
府川哲夫（2021）「障害者支援」（IFW DP シリーズ2021-2）。
OECD（2021）OECD Social Expenditure Database 2021.

┌─ 第4章の要点 ─────────────────────────────

・社会福祉基礎構造改革の一環として，社会福祉事業法が改正され，地域福祉の推進，利用者の意向を尊重したサービスの提供を目指す社会福祉法となり，また保育所利用方式，支援費制度などが誕生した。

・生活保護制度は憲法第25条の理念に基づき，国の責任において，健康で文化的な最低限度の生活を保障するとともに，その自立を助長することを目的としている。

・現在，生活保護受給者数は過去最も多かった第2次世界大戦終戦直後のレベルを超え210万人台となり，保護率は1.7％程である。

・現在の生活保護受給者の特徴は，1人世帯が約8割，高齢者世帯が5割超，医療扶助が費用の5割，母子世帯の中では約13％が生活保護を受給している点，等である。

・高齢者虐待防止や高齢者の成年後見などが今後ますます重要となってくる。

・障害者福祉の目的は，ノーマライゼーションの理念に基づき，障害者の自立と社会参加を実現することにある。

・障害者基本法を柱として，2003年には利用契約制度による「支援費制度」が施行され，2006年4月から「障害者自立支援法」がスタートした。

・国連の障害者権利条約の批准に向けた国内法整備の一環として，障害者基本法の改正（2011年），障害者総合支援法の制定（2013年度施行），障害者差別解消法の制定および障害者雇用促進法の改正（2016年度施行），等が行われた。障害者自立支援法は障害者総合支援法に代替された。

・社会福祉士及び介護福祉士は社会福祉の分野における公的資格制度である。社会福祉士は福祉に関する相談援助業務を行う者についての資格，介護福祉士は介護および介護指導業務を行う者についての資格である。2020年度末の登録者数は社会福祉士25.7万人，介護福祉士175.4万人である。

・少子化対策の一環として仕事と家庭の両立を図るワーク・ライフ・バランスが目指され，次世代育成支援法により企業にも行動計画の策定が義務づけられた。また，育児・介護支援強化のため育児・介護休業法が改正されている。

・格差拡大や非正規雇用の増加によって，日本でも貧困問題に対する関心が高まっている。2015年度から生活困窮者自立支援制度がスタートしているが，日本の相対的貧困率は他の先進諸国に比べて高く，何らかの政策的介入が必要である。

└──────────────────────────────────

<table>
<tr><td>第 5 章</td><td>保健医療福祉財政</td></tr>
</table>

　保健医療福祉行政は，すべての人が健康で文化的な生活を享受できるようになることを目指している。それを財政面で支えるのが保健医療福祉財政である。保健医療福祉行政は国と地方自治体の共同作業であるが，その財政には構造的な問題が存在している。支出の規模は国4に対して地方6と，国の直接支出より地方自治体からの支出の方が1.5倍大きい。保健医療福祉の分野でも地方自治体の役割が拡大するなかで，地方自治体の自由裁量の余地は大きくなく，いまだに地方財政の5割弱は国からの地方交付税・国庫支出金や地方債に依存している。

第1節　国の保健医療福祉予算

　国の一般会計予算は2021年度で106.6兆円であり，そのうち社会保障に関する「社会保障関係費」は35.8兆円である。社会保障関係費は一般会計歳出総額から国債費（債務償還費および利払費等）23.8兆円及び地方交付税交付金等15.9兆円を除いた「一般歳出」66.9兆円の53.6%を占め，生活保護費，社会福祉費，社会保険費，保健衛生対策費，失業対策費から構成されている。社会保障関係費の分野別内訳は年金12.7兆円，医療12.0兆円，介護3.5兆円，少子化対策3.0兆円，社会福祉4.1兆円，等である。国の福祉予算（生活保護費と社会福祉費）は1975年度には社会保障関係費のおよそ3割を占めていたが，2000年度以降は老人福祉費の多くが介護保険制度に移行して，福祉の要素もあるものの社会保険費に計上されているため，その割合は低下している。福祉予算の中では，近年特に生活保護費の増加が顕著である。

2021年度の国の歳出106.6兆円に対して，税収見込みは57.4兆円（内訳：所得税18.7兆円，法人税9.0兆円，消費税20.3兆円，等）にすぎず，43.6兆円を公債金（国が税収の不足を補うために発行する国債により借りたお金）に頼っている（公債依存度40.9％）。その結果，2021年度末の国債残高は990兆円（GDPの177％），国及び地方の長期債務残高は1,209兆円（GDPの216％）にのぼると推計されている。

第 2 節　日本の社会保障の規模

　社会保障の規模およびその分野別配分をみるには通常，社会保障給付費が用いられる。2021年 8 月に発表された「2019年度社会保障費用統計」（国立社会保障・人口問題研究所）によると，2019年度の社会保障給付費は総額123.9兆円[1]（GDP比22.1％）で，その内訳は医療40.7兆円（GDPの7.3％，以下同じ），年金55.5兆円（9.9％），福祉・その他27.7兆円（5.0％：うち介護は10.7兆円，GDPの1.9％）であった。

　社会保障給付費に施設整備費など，直接個人に移転されない支出も加えた社会支出は127.9兆円で，国際比較に用いられる。

　一方，2019年度の社会保障制度の収入総額は132.4兆円で，給付費を含む支出を賄っている。収入の内訳は社会保険料74.0兆円（構成比55.9％，以下同じ），公費負担51.9兆円（39.2％），その他6.5兆円（4.9％）であった。その他は資産収入，積立金からの受入，利用者負担等である。社会保険料の内訳は事業主拠出47対被保険者拠出53，公費負担の内訳は国66対地方34であった。

　今後の社会保障給付費は医療費や介護費の動向がカギとなる。表 5 - 1 は社会保障給付費の2019年度の実績値および2025・2040年度の推計値を示したものである。この表によると，今後医療費＋介護費が年金給付額を上回り，特に介護費の顕著な増加が見込まれている。

　社会保障国民会議はその最終報告（2008年11月）の中で「今日の社会保障制度は少子化対策への取組の遅れ，医療・介護サービス提供体制の劣化，セーフティネット機能の低下，制度への信頼の低下等の課題に直面している。……社

表 5 - 1　社会保障給付費の見通し

	給付費（兆円）			対 GDP 比（%）		
	2019年度	2025年度	2040年度	2019年度	2025年度	2040年度
給付費計	123.9	140.2〜140.8	188.2〜190.3	22.1	21.7〜21.8	23.8〜24.1
年　　金	55.5	59.9	73.2	9.9	9.3	9.3
医　　療	40.7	47.4〜48.7	66.7〜70.1	7.3	7.3〜7.5	8.4〜8.9
介　　護	10.7	14.6〜15.3	24.6〜25.8	1.9	2.3〜2.4	3.1〜3.3
子育て	17.0	10.0	13.1	3.1	1.5	1.7
その他		7.7	9.4		1.2	1.2

注：幅のある推計値はそれぞれ最小と最大を記載した。
出所：2019年度は実績値（国立社会保障・人口問題研究所「2019年度社会保障費用統計」2021年 8 月），2025・2040年度は内閣官房・内閣府・財務省・厚生労働省2018年 5 月推計の経済ベースラインケース。

会保障制度はすべての国民にとって必要なものであり，給付の裏側には必ず負担がある。国民にはサービスを利用する権利と同時に制度を支える責任がある。…（中略）…制度の持続可能性とともに社会保障の機能強化に向けての改革に取り組むべきである」と述べている。

　また，2013年 8 月に公表された社会保障制度改革国民会議報告書では，日本の社会保障制度を男性労働者の正規雇用・終身雇用と専業主婦を前提とした「1970年代モデル」から，年金・医療・介護だけではなく現役世代の雇用や子育て支援，さらには，低所得者・格差の問題や住まいの問題なども社会保障の大きな課題ととらえる「21世紀モデル」に再構築して，国民生活の安心を確保していくことが喫緊の課題となっている。「21世紀モデル」の社会保障では，必要な財源を確保した上で，子ども・子育て支援を図ることや，経済政策・雇用政策・地域政策などの施策と連携し，非正規雇用の労働者の雇用の安定・処遇の改善を図ること等を始めとしてすべての世代を支援の対象とし，また，すべての世代がその能力に応じて支え合う全世代型の社会保障とすることが必要である」と述べている。

　表 5 - 2 は主要国の政策分野別社会支出（Public）の GDP 比を示したものである。フランス・スウェーデン・ドイツの社会支出は GDP の25％あるいはそれ以上であるが，その分国民の負担も大きくなっている。日本との違いは，生活上のリスクに対して個人として対処するのでなく，社会システムで対処する

表5-2 　主要国の政策分野別社会支出（Public）の GDP 比：2017/18年

（単位：%）

	フランス	ドイツ	日　本	スウェーデン	イギリス	アメリカ
Public 2019	31.0	25.9	－	25.5	20.6	18.7
Public 2017/18	31.1	25.4	22.3	26.0	20.5	18.2
高　　齢	12.5	8.4	10.1	9.1	5.9	6.4
遺　　族	1.6	1.8	1.2	0.3	0.0	0.6
障　　害	1.7	2.3	1.1	3.8	1.9	1.0
保　　健	8.5	8.2	7.6	6.5	7.7	8.4
家　　族	2.9	2.3	1.6	3.4	3.2	0.6
労　　働	0.8	0.7	0.1	1.2	0.2	0.1
失　　業	1.5	0.9	0.2	0.4	0.1	0.1
住　　宅	0.7	0.6	0.1	0.4	1.3	0.2
その他	0.9	0.3	0.4	1.1	0.1	0.7
Private 2017/18	3.6	3.6	2.9	3.8	6.4	12.6
Public＋Private	34.7	29.0	25.2	29.8	26.9	30.8

　出所：OECD Social Expenditure Database（June. 2021）.

（つまり，社会に委託する）度合いの違いであると言える。

　公的制度による社会支出の対 GDP 比ではアメリカやイギリスは日本より低い。しかし，アメリカでは国民の40％程しか公的医療保険の対象ではないので，その分社会保障の規模が小さくなっている。また，イギリスの公的老齢年金給付は GDP の 4 ％と低いが，強制適用の企業年金・個人年金まで含めれば約 9 ％に達する。このような状況を反映して，公的制度と私的制度を合わせた社会支出の GDP 比をみるとフランス・アメリカで30％を超え，ドイツ・スウェーデンで29％台，イギリス27％，日本25％と高齢化が最も進んでいる日本で社会支出の規模が最も小さいという結果になっている（表5-2）。日本の社会保障給付は家族給付，障害者給付，福祉給付が少なく，高齢者向け給付が全体の約 7 割を占めている。

第 3 節　地方財政

　国は交付金・負担金・補助金など様々な名称で地方自治体に支出している。

そのうち地方交付税[(3)]は地方自治体の税源不均衡を是正し，地域の行政サービスを一定水準に維持するための財源を保障することを目的としたものである（使途に制限はない）。地方譲与税は国税として徴収した租税を客観的基準に従って地方自治体に譲与するもので，地方揮発油譲与税，航空機燃料譲与税，自動車重量譲与税，などがある。地方譲与税も地方税や地方交付税とともに地方自治体の一般財源（使途に制限がない）となる。一方，国庫支出金は国が使途を指定して地方自治体に支出するもの（特定財源）で，委託金（国会議員の選挙や国勢調査など，国が本来行うべき事務を地方公共団体に委託する場合の経費），負担金（義務教育費，生活保護費，公共事業負担金など，国の事務としての性格が強いが，法令によって地方自治体が執行する経費の負担），補助金（国が施策を実施するため地方自治体に交付する）の 3 つに分類されている。

　2005年の三位一体の改革（地方財政改革）では一部国庫負担金の一般財源化，公共事業関係の補助金削減等が行われた。

　地方分権推進法（1995年），地方分権一括法（1999年），に続いて制定された地方分権改革推進法（2006年）に基づいて，2007年に内閣府に地方分権改革推進

コラム　国柄が感じられる財源

　フランスで1991年に創設された一般社会拠出金（CSG：Contribution Sociale Généralisée）は，広く個人の所得に課する社会保障目的税である。社会保険料は国民連帯や市民連帯に属する支出（家族のリスクなど）には向いていないとされて CSG が導入された。CSG の税率は当初1.1％で家族手当等の財源にあてられていたが，現在の税率は稼働所得・資産所得・投資益では9.2％であり，家族手当，疾病保険，老齢保険等の財源に使われている。疾病保険の被保険者保険料率は1997年に6.8％から5.5％に，1998年には0.75％に引き下げられ，CSG の税率のうち5.1％ポイント分が疾病保険に充てられている。また，フランスでは社会扶助のサービスを受けた者に一定額以上の遺産がある場合には，その遺産からそれまでの給付分の費用が回収される。

　スウェーデンの税・社会保険料負担の基本は定率負担で，住民のほとんどが地方所得税（税率約30％）を納税して福祉を支えている。一方，累進課税である国の所得税を納付する義務があるのは，上位所得者20％のみである。

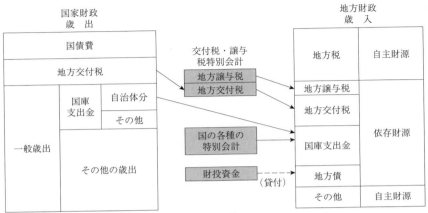

図5-1　国家財政と地方財政

出所：渡辺精一（1993）『入門地方財政論』有斐閣，11頁。

委員会が設置された。2010年には地方向け補助金の一括交付金化などを盛り込んだ地域主権戦略大綱が閣議決定された。地方分権の推進に関しては，住民に最も近い基礎自治体を重視した地方分権改革を推進し，基礎自治体が担えない事務事業は広域自治体が担い，広域自治体が担えない事務事業を国が担うという「補完性の原則」が採用されている。そして，基礎自治体の能力・規模に応じた権限と財源の移譲，国と地方あるいは都道府県と市町村の間の二重行政の解消などの実施により，国と地方の関係の見直しが行われている。

　地方財政の歳入（都道府県と市町村をあわせた純計）は，財源面では自主財源と依存財源に分かれる（図5-1）。自主財源は地方税など地方自治体が直接徴収する財源のことで，依存財源は国からの地方交付税・国庫支出金や地方債のことである。地方財政の5割弱は依存財源に頼っている。地方交付税は税収力・財政力の低い地方自治体に対して国が交付する使途の制限のない財源である。

　地方財政の歳入は，使途面では使途の制限のない財源（一般財源）と使途の決まっている特定財源に分けられる。地方税，地方交付税，地方譲与税などが一般財源に当たり，歳入に占める一般財源の比率は6割弱である。残りの4割

表5-3　地方財政（都道府県と市町村の合計）の歳入・歳出純計決算額の推移

歳　入
（単位：兆円）

（年）	1990	1995	2000	2005	2010	2015	2019
地方税	33.5	33.7	35.5	34.8	34.3	39.1	41.2
地方譲与税	1.7	1.9	0.6	1.8	2.1	2.7	2.6
地方交付税	14.3	16.2	21.8	17.0	17.2	17.4	16.7
小計（一般財源）	49.4	51.8	58.9	55.1	54.0	59.3	61.0
国庫支出金	10.7	15.0	14.5	11.9	14.3	15.3	15.8
地方債	12.6	17.0	11.1	10.4	13.0	10.7	10.9
計	80.4	101.3	100.3	92.9	97.5	101.9	103.2

歳　出
（単位：兆円）

（年）	1990	1995	2000	2005	2010	2015	2019
民生費	8.2	12.0	13.4	15.7	21.3	25.3	26.5
教育費	16.6	18.7	18.1	16.6	16.4	16.8	17.5
衛生費	4.6	6.5	6.5	5.7	5.8	6.3	6.4
公債費	6.5	8.7	12.4	14.0	13.0	12.9	12.1
計	78.5	98.9	97.6	90.7	94.8	98.4	99.7

注：小計（一般財源）には地方特例交付金等が含まれている。
出所：総務省『地方財政白書』各年版を基に筆者作成。

強は使途が決まっている特定財源（国庫支出金，地方債，その他）となる。

　2019年度の国と地方を合わせた財政支出は172兆円（国73兆円，地方99兆円）で，支出割合は国43％，地方57％であった（総務省，2021）。これを社会保障関係費だけに限ると59.8兆円で，国と地方の支出割合は同じく4対6であった（国43％，地方57％）。

　地方自治体（都道府県＋市町村）の2019年度の歳入純計決算額は103.2兆円で，地方自治体固有の財源である地方税と地方交付税などをあわせた一般財源の構成比は59％であった（表5-3）。2019年度における地方税収41.2兆円（国税は62.2兆円）の内訳は，個人住民税13.1兆円，固定資産税・都市計画税10.6兆円，法人住民税3.2兆円，法人事業税4.4兆円，地方消費税4.8兆円，などであった。地方自治体（都道府県＋市町村）の2019年度の歳出純計決算額は99.7兆円で，目的別歳出の内訳は民生費26.5兆円，教育費17.5兆円，土木費・公債費12.1兆円，などであった（表5-3）。

表5-3の内訳をみると，都道府県における歳入（2019年度で50.9兆円）で最も大きな割合を占めるのは地方税（20.7兆円）で，以下，地方交付税（8.6兆円），国庫支出金（5.9兆円），地方債（5.6兆円）の順となっている。都道府県における歳出（2019年度で49.3兆円）では教育費（20.6％）が最も大きな割合を占め，以下，民生費（16.6％），公債費，土木費の順となっている。

　市町村における歳入（2019年度で61.4兆円）で最も大きな割合を占めるのは地方税（20.5兆円）で，以下，国庫支出金（9.9兆円），地方交付税（8.1兆円），地方債（5.3兆円）の順であった。市町村における歳出（2019年度で59.4兆円）では，民生費が最も大きな割合（36.7％）を占め，以下，教育費，総務費，土木費，公債費の順となっている。

第4節　地方の衛生・福祉財政

　地方自治体の歳出は民生費，教育費，公債費，総務費，衛生費などに大別されるが，近年では民生費が最大となっている。

1　民生費の動向

　地方自治体（都道府県・市町村）は社会福祉の充実を図るため，児童，高齢者，障害者などのための福祉施設の整備・運営，生活保護の実施等の施策を行っている。こうした社会福祉関係の経費である民生費の2019年度の決算額は26.5兆

┌───┐
── コラム　社会保障と経済成長 ──

　社会保障の規模と経済成長との関係については，定説がない。社会保険料の負担増によって可処分所得が抑えられ，企業の国際競争力や経済成長にも影響するのではないかとの意見がある。種々の研究があり結論が異なるものもあるものの，通説的には，「社会保険料と税の負担を加えた国民負担率と経済成長率との間に明確な相関関係は見出し難い」とされている。北欧の福祉国家で国際競争力が高く評価され，社会保障の規模が北欧の福祉国家程大きくない日本で国際競争力が低下していることを考えると，このことはうなずける。
└───┘

円（都道府県8.2兆円，市町村21.8兆円；重複あり），歳出総額に占める割合は26.6％（都道府県16.6％，市町村36.7％）で，目的別歳出の中で最も大きな割合となっている。市町村の民生費が都道府県の2.7倍と多いのは，児童福祉に関する事務及び社会福祉施設の整備・運営事務が主として市町村によって行われていることや，生活保護に関する事務が市町村（町村については，福祉事務所を設置している町村）によって行われていること等によるものである。

目的別の民生費の内訳（地方計）をみると，保育所などの児童福祉行政に要する経費である児童福祉費が最も大きな割合を占め，以下，障害者等の福祉対策や他の福祉に分類できない総合的な福祉対策に要する経費である社会福祉費，特養などの老人福祉費，生活保護費の順となっている。都道府県においては老人福祉費の構成比が最も大きく，社会福祉費，児童福祉費，生活保護費の順となっているが，市町村においては児童福祉費の構成比が最も大きく，社会福祉費，老人福祉費，生活保護費の順となっている。

性質別の民生費の内訳（地方計）をみると，児童手当の支給や生活保護等に要する経費である扶助費が最も大きな割合を占め，以下，国民健康保険事業会計・介護保険事業会計・後期高齢者医療事業会計等に対する繰出金，補助費等の順となっている。都道府県の民生費は幼児教育・保育の無償化に伴う市町村への負担金や各事業会計への都道府県の負担金などの補助費等が7割以上を占めているが，市町村の民生費は扶助費が約6割を占めている。このように，市町村は住民に直接的な生活支援の原資である扶助費，国民健康保険や介護保険事業への繰出金が民生費の相当部分を占めているが，都道府県は補助金により市町村を支援するという広域的かつ間接的役割を持っている。

民生費の財源についてみると，1980年度は一般財源等と国庫支出金の割合はほぼ同率であった。しかし，民生費における単独事業の充実，民生費に係る国庫補助負担率の引下げ，国庫補助負担金の一般財源化等を背景に，民生費の増加分の多くを一般財源等の充当で対応してきた結果，2007年度には一般財源等の割合が70％まで増加していた（総務省，2021）。2008年度から2011年度までは国の経済対策の実施，子ども手当の創設，東日本大震災への対応，2016年度は

年金生活者等支援臨時福祉給付金の創設，2019年度は幼児教育・保育の無償化等により国庫支出金の割合が増加した。今後とも地方自治体は社会福祉行政の充実のために「自ら考え自ら行う福祉社会づくり」を進めることが求められている。

2　衛生費の動向

　地方自治体は住民の健康を保持増進し，生活環境の改善を図るため，医療・公衆衛生・精神衛生等に係る対策を推進するとともに，ごみなど一般廃棄物の収集・処理等，住民の日常生活に密着した諸施策を行っている。これらの諸施策に要する経費である衛生費の決算額は2019年度で6.4兆円，歳出総額に占める割合は6.4%（都道府県3.2%，市町村8.3%）であった。目的別の衛生費の内訳は保健衛生，精神衛生及び母子衛生等に要する経費である公衆衛生費が最も大きな割合（衛生費総額の58.3%）を占め，次いで一般廃棄物等の収集処理等に要する経費である清掃費（同38.0%）となっている。目的別の構成比を団体区分別にみると，都道府県においては公衆衛生費が大部分（90.4%）を占め，市町村においては清掃費（48.7%），公衆衛生費（48.7%）の順となっている。

　性質別の衛生費の内訳をみると，ごみ処理等の委託に要する経費等である物件費が最も大きな割合（衛生費総額の34.7%）を占め，以下，補助費等（同18.2%），清掃関係職員，公衆衛生関係職員の職員給等である人件費（同16.7%），普通建設事業費（同13.1%）の順となっている。

第5節　利用者負担

　保健医療福祉サービスの財源は保険料や公費[(4)]の他に利用者負担金もある。
　利用したサービスのコストの一部を受益者が負担する方法には応益負担と応能負担の2つの考え方がある。「応益負担」はサービスを受けた量（利益）に応じて負担するのが公平であるという考え方であり，「応能負担」はサービスを受けた量の如何にかかわらず，サービス利用者や当該世帯の経済的な負担能

力に応じて負担するのが公平であるという考え方である。所得税や社会保険料（ただし，国民年金は除く）は応能負担で徴収され，所得再分配の効果がある。一方，医療費の患者負担や介護サービスにおける利用者負担は応益負担の例である。

　介護保険では利用者負担はサービス費用の1〜3割である。利用者負担の意義の一つは，サービス利用の乱用を抑制することである。施設サービスでは利用者はこの他に食費と部屋代を支払う（低所得者には軽減措置がある）。通所系サービスでは部屋代はないが，食費が利用者負担となっている。なお，ケアプラン作成などの介護支援サービス・介護予防支援サービスについては，利用者負担は設けられていない。

　社会福祉の分野では措置制度によって行政もしくは行政から委託を受けた社会福祉法人などの事業者がサービスを提供してきた。社会福祉は低所得者などを対象に始まったという経緯等から，当初は利用者負担を求めないのが原則であった。しかし，社会福祉へのニーズが拡大・多様化し，経済的援助以外の様々な社会的ニーズがある者に対して所得制限を設けずに福祉サービスを利用してもらうには利用者負担の導入が必要となり，措置制度のもとでも一定の所得以上の本人・扶養義務者に対して費用徴収が行われてきた。ここでは，利用者の所得（能力）に応じて費用を負担する方式（応能負担）が原則であった。福祉サービスの提供者と利用者が対等な立場で契約を交わし，サービスを受ける方式に変わっても利用者はサービス受益の対価として費用の一部を負担する。利用者負担には，無料であることから生ずる濫用防止，コスト意識の喚起等の効果が期待される一方，負担額（率）の設定によっては，原則的には所得にかかわりなく利用してもらうという本来の社会福祉に反し，利用抑制が生じないかとの批判もある。

第6節　民間社会福祉事業

1　公の支配

　憲法第89条は，「公金その他の公の財産は，宗教上の組織若しくは団体の使用，便益若しくは維持のため，又は公の支配に属しない慈善，教育若しくは博愛の事業に対し，これを支出し，又はその利用に供してはならない」と規定する。すなわち，公の支配に属さない慈善，博愛の事業（社会福祉事業はこれに該当する）については公費助成が禁止されているが，公の支配に属しているならば公費助成が受けられることになる。

　この公の支配というのは，事業主体の設立や事業運営に関しての行政庁の指導監督を受けることを受認する法律関係であり，社会福祉関係法制においては社会福祉法人をめぐるものにみられる。具体的にいえば，主務官庁から認可を受けた法人以外に基本的に参入を認めず（社会福祉法第60条），社会福祉法人の行う事業に対して公的助成を容易にしている。一方，すべての部面で厳しい行政監督が可能となる規定を設けている。

2　民間社会福祉事業と財政

　民間社会福祉事業に対しては，国や地方自治体からの公費助成のほか，社会福祉関連各法に基づく委託費，事業収入，共同募金配分金，寄付金，借入金などがある（金子，2012）。

　　①　委託費は，委託契約によって委託を受けた社会福祉法人などがサービスの実行に必要な経費を委託者である地方自治体に要求するものである。
　　②　事業収入には，公益事業に基づく収入と収益事業に基づく収入とがあるが，後者については，社会福祉法に規制が設けられている（第26条，第31条など）。
　　③　共同募金は，社会福祉法の規定により（第112～124条），都道府県単位

において一定期間内で行う寄付金募集であり，寄付金の公正な配分に資

するため，共同募金会に配分委員会を置く。

④　寄付金付お年玉付郵便切手の寄付金を配分する日本郵便，競輪・オー

トレース・モーターボート競争など公営競技団体の売上金の一部などは，

施設建設費などに補助されている。

⑤　独立行政法人福祉医療機構などからの借入金は，民間施設の整備や職

員研修などに対して低利で借り入れられるものである。

社会福祉事業に対する税制上の優遇措置も設けられている。社会福祉法人に
よる特別養護老人ホームなどの社会福祉事業施設の整備および民間事業者によ
る在宅サービス事業等に対して，独立行政法人福祉医療機構は建築資金等を融
資している。社会福祉事業施設には国や地方自治体による整備費の補助が行わ
れるが，設置者である社会福祉法人等には一定の自己負担が必要になる。この
費用に対して福祉医療機構は融資を行っている。税制に関しては，社会福祉法
人は法人税法上の収益事業以外は非課税である。収益事業からの収益について
も，社会福祉事業等へその資金を移動した場合，みなし寄付金制度により，所
得の金額の50％を限度として損金に算入することが可能である。また，社会福
祉事業の用に供する固定資産に関しては，固定資産税も都市計画税も課税され
ない。

注

(1)　「社会保障関係費」は公費（国の歳出又は国と地方の歳出）のみであるが，「社会
保障給付費」は社会保険料・公費（国と地方）・その他（利用者負担を含む）の財
源で賄われているより広い範囲の支出である。

(2)　OECD の Social Expenditure Database による。社会支出の内訳は高齢者への給
付（年金，介護，など），遺族への給付，障害者への給付，業務災害に対する給付，
保健給付（大部分が医療費），家族給付，労働政策による給付，失業給付，低所得
者への住宅給付，生活保護，その他の福祉給付である。表5-2では項目を適宜ま
とめている。

(3) 地方交付税の財源は所得税及び法人税の33.1%，酒税の50%，消費税の20.8%，及び地方法人税の全額，に相当する額によって構成される。

(4) 戦後の日本の社会保障制度構築の方向性を示した社会保障制度審議会の1950年の勧告では，社会福祉行政に要する事務費や社会福祉施設の設置に要する費用について次のような公費の負担割合が勧告されている。

　　　・都道府県が行う事業：国1/2，都道府県1/2
　　　・市町村が行う事業：国1/2，都道府県1/4，市町村1/4

各社会福祉サービスの公費の分担は，この勧告を基準に高齢者福祉サービス・障害福祉サービスなどそれぞれの法律で定められている。社会福祉関係の国庫負担は8/10から1980年代に5/10に引き下げられて今日に至っている（生活保護費は7.5/10）。

参考文献

金子和夫（2012）「都道府県等の福祉財政」磯部文雄・府川哲夫編著『概説 福祉行財政と福祉計画』ミネルヴァ書房。

総務省（2021）『地方財政白書 令和3年版』。

┌─ **第5章の要点** ─────────────────────────

・地方自治法は1999年に大改正され，地方自治体（都道府県・市町村等）の行政に対する国の関与は法令の規定に基づく必要最小限でなければならないとされ，地方自治体の自主性・自律性が重視されている。

・市町村は福祉サービスの実施主体であり，都道府県は福祉行政の広域的調整や事業者の指導監督を行っている。

・2019年度の国と地方を合わせた財政支出は172兆円で，支出割合は国43%，地方57%であった。約60兆円の社会保障関係費においても同様の割合である。しかし，地方財政の4割強は国からの地方交付税・国庫支出金や地方債に依存している。

・2019年度の社会保障給付費は総額123.9兆円で，その内訳は医療40.7兆円，年金55.5兆円，福祉・その他27.7兆円（うち介護は10.7兆円）であり，社会保障財源132.4兆円の内訳は，社会保険料55.9%，公費39.2%，その他4.9%であった。

・地方自治体の歳出の中で民生費は26.6%と最大のシェアを占めている（2019年度）。民生費の中では児童福祉費が最も多い。

・保健医療福祉の財源は突き詰めれば保険料，税金，利用者負担の3つのいずれかであり，その間の負担の仕方を国民的に議論する必要がある。

└──────────────────────────────────────

<table>
<tr><td>第 6 章</td><td>保健医療福祉の計画と評価</td></tr>
</table>

第 1 節　地方自治体の保健医療福祉計画

　地方自治体では地方自治法に基づく総合計画（基本構想）を柱として，様々な分野の計画を策定している。保健医療福祉分野では次のような計画がある（カッコ内は根拠法，計画期間，その他）。図 6 - 1 は各種計画の変遷を示している。

① 医療計画（1985年改正医療法，6 年，都道府県のみ）

② 健康増進計画（2002年健康増進法，期間の定めなし：努力義務）

③ 医療費適正化計画（2006年高齢者医療確保法，6 年，都道府県のみ）

④ 医療介護総合確保計画（2014年医療介護総合確保促進法，期間の定めなし）

⑤ 老人福祉計画（1990年改正老人福祉法，期間の定めなし）

⑥ 介護保険事業計画（1997年介護保険法，3 年）

⑦ 障害者計画（2004年改正障害者基本法，期間の定めなし）

⑧ 障害福祉計画（2013年障害者総合支援法，3 年）

⑨ 地域福祉計画（2000年社会福祉法，期間の定めなし，策定は義務化されていない）

⑩ 次世代育成支援行動計画（2015年改正次世代育成支援対策推進法，5 年，地域行動計画と事業主行動計画）

⑪ 子ども・子育て支援事業計画（2015年子ども・子育て支援法，5 年）

　1985年の医療法改正によって都道府県に医療計画の策定が義務づけられ，2018年度から開始した第 7 次以降は，介護計画などとの整合性を図るため 6 年計画に変更された。医療計画を策定する目的は二次医療圏の設定，基準病床数

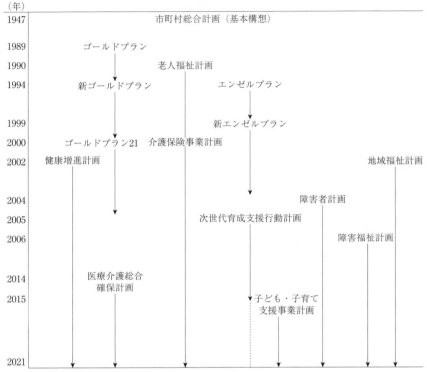

図6-1　市町村の保健医療福祉計画

（年）

1947　　　　　　　　　　　市町村総合計画（基本構想）

1989　　　　　ゴールドプラン

1990　　　　　　　　　　　　老人福祉計画

1994　　　　新ゴールドプラン　　　　エンゼルプラン

1999　　　　　　　　　　　　新エンゼルプラン

2000　　　ゴールドプラン21　介護保険事業計画

2002　健康増進計画　　　　　　　　　　　　　　　　　　地域福祉計画

2004　　　　　　　　　　　　　　　障害者計画

2005　　　　　　　　　次世代育成支援行動計画

2006　　　　　　　　　　　　　　　　障害福祉計画

2014　　　医療介護総合
　　　　　　確保計画

2015　　　　　　　　　　子ども・子育て
　　　　　　　　　　　　支援事業計画

2021

出所：筆者作成。

の算定，医療従事者の確保，などである。2000年に健康日本21が策定され，その地方版として2002年の健康増進法で「都道府県健康増進計画」「市町村健康増進計画」を定めるよう努めることとなった。さらに2008年度から国と都道府県は医療費適正化計画（5年計画，2015年改正で6年計画に変更）を策定することになった。医療費適正化計画は生活習慣病対策，病床機能の分化・連携，医薬品の適正使用などによる計画的な医療費適正化対策である。医療介護総合確保計画は地域包括ケアを推進するため，介護施設や医療施設を整備する事業，居宅における医療の提供事業及び必要な介護・医療従事者を確保する事業を実施する計画を定めようとするもので，介護保険事業計画や医療計画とも整合性を

図る必要があるとされている。

　1990年老人福祉法改正によって，老人福祉計画の策定が都道府県および市町村に義務づけられた。都道府県知事は市町村に対して「市町村老人福祉計画」作成上の必要な技術的な助言を，また厚生労働大臣は都道府県に対して「都道府県老人福祉計画」作成上の必要な技術的な助言をすることができるとされている。介護保険事業計画は介護保険法（2000年）に基づき，厚生労働大臣の定める介護保険事業の実施に係る基本方針に則して地方自治体が3年を1期として策定する行政計画で，市町村介護保険事業計画および都道府県介護保険事業支援計画から構成される計画である。老人福祉の分野では介護保険の創設でそのサービスの多くが介護保険に移行し，老人福祉計画は介護保険事業計画と一体のものとして作成される。

　障害者基本法（1993年）は2004年に改正され，それまで努力義務であった都道府県および市町村における障害者計画の策定が義務化された。市町村障害者計画および都道府県障害者計画は国の障害者基本計画（第4次：2018〜2022年度）に則って作成される。一方，障害福祉計画は障害者自立支援法（現・障害者総合支援法）によって2006年度から策定が義務化され，国の定める基本方針に即して市町村障害福祉計画および都道府県障害福祉計画が作成される。障害福祉計画は障害者計画より具体的なものであるが，地域によっては両者をまとめて作成している。障害福祉計画は3年ごとに作成され，第5期（2018〜2020年度）以降は障害児福祉計画も合わせて作成されている。

　2000年に制定された社会福祉法に基づき，地域福祉を推進するため地方自治体は地域福祉計画（市町村地域福祉計画および都道府県地域福祉支援計画）を策定することとされた。地域福祉計画では地域住民の合意形成や計画作成・改定における住民参加が特に重視されている。

　次世代育成支援対策推進法（2003年制定，2005年度より施行，10年間の時限立法：2014年に改正されて計画策定が10年間延長された）に基づき次世代育成支援行動計画の策定が都道府県，市町村および従業員101人以上の企業に義務化されている。なお，都道府県及び市町村の行動計画は2015年度から任意化された。

2012年の子ども・子育て関連3法に基づいて，2015年度から子ども・子育て支援新制度が施行され，市町村子ども・子育て支援事業計画および都道府県子ども・子育て支援事業支援計画（いずれも5年を1期とする）の策定が義務づけられた。

第2節　計画策定のプロセス

1　保健医療福祉計画の策定——医療計画を例に

　保健医療福祉計画の策定においてはニーズの把握，データの分析，根拠に基づく目標値の設定，などの作業が必要である。目標値の設定方法には科学的な根拠に基づく目標値の設定の他に，理想値や外挿法による予測値を基に目標値を設定する方法がある。科学的な根拠に基づいて目標値を設定するのは，望ましい目標値の設定方法である。実態調査の結果を踏まえて目標値を設定する方法も，それなりに根拠があると考えられる。理想値を目標値に掲げる方法は，実現可能性という点が弱点になる。過去の趨勢から将来を予測し，その予測値より改善した値を目標値に設定するのが外挿法による設定である。

　医療計画の作成に当たっては，地域の医療提供体制に関する調査を通じて把握した現状に基づき，目指すべき方向の各事項を踏まえて課題を抽出し，課題の解決に向けた数値目標を設定し，そのための施策を明示する。そして，それらの進捗状況を評価する。その際には，個々の施策が数値目標の改善にどれだけの効果をもたらしているか，また，目指すべき方向の各事項に関連づけられた施策群が全体として効果を発揮しているかという観点も踏まえ，個々の施策や数値目標並びに目指すべき方向への達成状況の評価を行い，その評価結果を踏まえて必要に応じて医療計画の見直しを行う。なお，医療計画の作成に際して，医療や行政の関係者に加え，患者・家族や住民が医療の現状について共通の認識を持ち，課題の解決に向け一体となって協議・検討を行うことは，今後の医療の進展に大きな意義を有するものである。このため，①患者・住民の作業部会等への参加やタウンミーティングの開催，②患者・住民へのヒアリング

表6-1　計画策定の際の主な手法

費用便益分析	計画されたサービスの実施に必要とされる費用と，それによって達成された便益を金銭表示して分析・評価する手法。便益を金銭で評価できないときは費用効果分析が行われる。
ブレイン・ストーミング法	自由で制約のないリラックスした状態のグループ討議で，自由な連想の連鎖反応を引き起こし，創造的なアイデアを生み出す技法
保健福祉指標	地域生活の質を表す指標をもって生活の実態を把握し，達成水準と比較することで両者の差を明白にする技法である。保健福祉水準に関する社会の成員の判断を定量化する指標を作成しようとするものである。
PERT法（パート法）	複雑な仕事の処理順序の関係をネットワークの形でアローダイアグラムによって表現し，プロジェクトの開始から終了に至るまでの仕事の処理時間に余裕のない経路（クリティカルパス）を明確にして，効果的に目標達成を目指す方法である。
バーチャート	縦軸に作業項目を，横軸に時間をとって，各作業の開始から終了までを棒状で表現した工程表のことで，広く用いられる手法である。見やすく，わかりやすいなどの長所があるが，各作業の関連性や作業の余裕度がわかりにくいなどの欠点もある。
ガントチャート	時間軸に沿った作業の一覧表を作成して進捗状況を管理する方法。
KJ法	多くの情報を分類しながらカテゴリー化し，それを抽象化しながら概念を作り統合し，全体構造を明らかにすること。文化人類学者川喜田次郎により開発された問題解決・発想の技法である。
デルファイ法	アンケート調査によって，専門家等の意見を集約・収斂し，意見の明確化や各種の福祉サービスの機能・範囲を明らかにする方法
オペレーションズリサーチ（OR）	複雑なシステムの分析などにおける意思決定を支援し，また意思決定の根拠を他人に説明するためのツールである。ゲーム理論や金融工学などもORの応用として誕生したものである。ORでは現実の問題を数理モデルに置き換えることで，合理化された意思決定が可能となるだけでなく，定量的な問題についても最適化を行うことができる。

出所：福祉教育カレッジ編（2011）「第22回 社会福祉士国試対策2012」（医学評論社）に基づき筆者加筆。

やアンケート調査の実施，③医療計画に対してパブリックコメントを求めること，などにより患者・住民の意見を反映させることが不可欠である。

2　手　法

　計画策定の際には，費用便益分析，ブレイン・ストーミング法，パート法，デルファイ法，などの手法が用いられる（表6-1）。費用便益分析は事業の経済的効率を評価する手法で，ヨーロッパ諸国で公共事業の妥当性の評価を行う

ために発展してきた。費用便益分析では，便益として「事業によって得られるものの経済的価値」を使い，費用として「事業に必要なものの経済的価値」を使って，費用に対する便益の大きさを計算する。今日では多くの分野の事業の経済的効率を評価する手法として広く使われている。便益を金銭で評価できないときは，事業によって得られるものを何らかの形で「効果」として表現し，費用効果分析が行われる場合もある。

　デルファイ法は専門家グループなどが持つ直観的意見や経験的判断を，反復型アンケートを使って組織的に集約・洗練する意見収束技法である。技術革新や社会変動などに関する未来予測を行う定性調査によく用いられる。デルファイ法は1950年代にアメリカのシンクタンクであるランド・コーポレーションで開発されたもので，名称の由来は神託で有名なアポロン神殿のあった古代ギリシャの地名である。最近では，世論調査と討論会を組み合わせた討論型世論調査の手法も使われている。

　公衆衛生の分野ではプリシード・プロシードモデル（PRECEDE-PROCEED model）も用いられている。(1)「健康日本21」はプリシード・プロシードモデルを骨組みとして策定されている。

　課題の優先順位の検討では，優先順位を重要度（効果）と改善可能性の2軸で評価し，効果が大きく実現可能性の高い課題を最優先とする方法などがある。また，計画策定への住民の参画が特に重要であり，計画の策定プロセスを通じて住民・組織・コミュニティの役割強化を目指すことが重要である。

3　地域住民との協働

　保健医療福祉計画では地域住民および関係者の意見の聴取とその意向の反映が重視されている。これは住民がもっぱら保健医療福祉行政の対象者であった従来の視点を転換し，住民の関与を基にした地域社会の保健医療福祉計画という新しい視点を示している。また，保健医療福祉計画においては「行政の透明化」や「関連計画との調和」が重要なテーマになっている。多くの保健医療福祉計画ではその計画の公表や国・都道府県への提出により，計画の立案・執

行・評価・変更などが公にされる。これによって行政の住民に対するアカウンタビリティー（説明責任）の履行と保健医療福祉行政に関する住民の評価が可能となる。保健医療福祉計画のなかには特定目的ないし特定対象者のために策定されるものがあるため，関連施策や関連行政計画との均衡や調整に留意することが必要である。

　保健医療福祉計画は地域住民のニードに変化を与える社会的・経済的・政治的諸要因や国民全般の社会意識，さらには当該地域における保健医療福祉資源の存在状況などの多様な要因を考慮して策定される。保健医療福祉計画は，地域にとって重要な行政需要に対する行政としての取り組みを住民に明示する行政手法でもある。したがって，保健医療福祉計画の策定過程に住民が参加することは，政策の改廃や順序付けについての地域社会の受容を高める上でも極めて有用である。

第3節　計画の推進と評価

1　計画の推進

　計画の推進に当たっては，関係者が互いに情報を共有することにより信頼関係を醸成し，円滑な連携が推進されるような体制を構築することが望まれる。計画の実効性を上げるためには，具体的な数値目標の設定と評価を行い，その評価結果に基づき計画の内容を見直すことが重要である。そのため，施策の目標，推進体制，推進方策，評価・見直し方法等を計画に明記し，定期的に計画の達成状況について分析・評価し，必要があれば計画を変更する。

　策定された計画を実施に移す際には，住民への周知が重要であり，推進組織の役割が大きい。計画の認知度を高めることによって計画を実施する推進力が高まる。また，たとえ策定時の完成度が高くなくても，毎年見直されていく生きた計画は大きな効果を発揮するとも考えられる。

2　計画の評価

　計画の評価は事業の効果を検証し，計画を見直すために行われる。事業から産出されたサービス量や事業量を表示する「アウトプット指標」，事業の社会的効果を表示する「アウトカム指標」，事業に投入された予算・人員・時間を表示する「インプット指標」などを用いて，アウトカム評価・アウトプット評価・インプット評価・プロセス評価（事業の実施経過の評価）などがある。アウトカム指標の改善が最も重要であることは言うまでもなく，事業の成果はアウトカム指標で測定されることが望まれるが，それらの指標設定が困難な場合も多く，アウトプット指標を中心としてインプット指標や市民満足度を代理指標として活用するなどを併せて考慮する必要がある。

　評価の信頼性や正統性の確保のためには，サービス利用者であり，納税者でもある市民の参加が欠かせない。多様な目的で構成される施策や事業の成果を一定の評価指標で測定しようとする成果指標の設定作業は，指標設定者の主観で目標が解釈されがちであり，指標設定者の恣意性や操作性の問題を引き起こす。従って，評価基準・評価指標・評価目標の選択・決定など評価プロセスの各段階での市民参加が求められる。

3　ガバメントからガバナンスへ

　国が中心となって進める保健医療福祉サービスは画一的になりがちで，地域住民が求める多様な保健医療福祉ニーズに対して基礎自治体である市町村が責任をもつ体制の方が効果的であり，有効性が高いという考え方がある。人々の支え合いと活気のある社会をつくることに向けたさまざまな当事者の自発的な協働の場（「新しい公共」）を重視するという考え方の下に，市町村行政が統治（ガバメント）から協働の主体となること（ガバナンス）を目指すという流れを，医療計画と地域福祉計画を例にみてみよう。

（1）医療計画

　高齢化の進行，医療技術の進歩，社会構造の多様化・複雑化，国民意識の変化など，医療を取り巻く環境が大きく変わる中で，誰もが安心して医療を受け

られる環境を整備することが求められている。効率的で質の高い医療提供体制を地域ごとに構築するために医療計画が作成される。医学の進歩で多くの命が救われた結果，健康を脅かす疾病への対応は，医療や医療施設を中心に対応する視点（医療モデル）が重視されてきた。しかし，健康に関する課題を医療の視点や医療施設だけで解決・完結できないことも少なくなく，関係性の再構築やコミュニケーション能力の再開発など，生活全般に対する多角的な介入や支援が必要であるという視点（生活モデル）に立脚しなければ最終目標である国民の生活の質の向上につながらない。このため，保健医療関連の計画を効果的に推進するためには，他の計画との整合性と連携を視野に入れ，可能な限り患者・住民の意見を反映させることが不可欠である。

（2）地域福祉計画

　従来の福祉は行政から住民へのサービスの給付という形が主であった。しかし，人と人との関係性が希薄化，喪失する中で，高齢者や障害者の生活不安，青少年や中年層におけるストレスの増大，自殺やホームレス，家庭内暴力，虐待，引きこもりといった新たな社会問題が表出してきている。一方で，ボランティアやNPO法人なども活発化し，社会福祉を通じて新たなコミュニティ形成を図る動きも顕著となっている。このような状況の中で，人と人との関係性を再構築することの重要性を再確認し，ともに生きる町づくりの精神を発揮し，人々が手を携えて，生活の拠点である地域に根ざし，高齢者も若者も，障害者も健常者も，ともに生き，助け合い，誰もがその人らしい安心で充実した生活が送れるような地域社会を基盤とした福祉（地域福祉）の推進に努める必要がある，との考えが生まれてきた。

注
(1)　プリシード・プロシードモデルは1991年にローレンス・グリーン（LW Green）とマーシャル・クロイター（MW Kreuter）によって開発された。従来の健康行動モデルでは因果関係を説明する準備段階に比重が置かれていたが，健康行動は複雑かつ多面的でさまざまな要因に影響されるため，望ましい健康行動を導くための介入プログラムとしてプリシード・プロシードモデルが作成された。プリシード・プ

ロシードモデルはさまざまな健康教育理論を戦略的に配置し，保健活動を計画・実践・評価する総合モデルである。

参考文献

宇山勝儀・船水浩行編著（2010）『社会福祉行政論』ミネルヴァ書房。
内藤修二ほか（2021）『保健医療福祉行政論 第5版』（標準保健師講座別巻1）医学書院。
社会福祉士養成講座編集委員会編集（2012）『福祉行財政と福祉計画』中央法規出版。
社会福祉学習双書編集委員会編集（2012）『社会福祉概論 II』全国社会福祉協議会。

第6章の要点

・地方自治体では地方自治法に基づく総合計画（基本構想）を柱として，さまざまな分野の計画を策定している。

・都道府県又は市町村が策定しなければならない保健・医療分野の計画には，医療計画，健康増進計画，医療費適正化計画，などがある。

・福祉分野では老人福祉計画，介護保険事業計画，障害者計画，障害福祉計画，地域福祉計画，次世代育成支援行動計画，子ども・子育て支援事業計画，などがある。

・保健医療福祉計画の策定においてはニーズの把握，データの分析，根拠に基づく目標値の設定，などの作業が必要である。

・計画策定の際には，プリシード・プロシードモデル，費用便益分析，デルファイ法，などの手法が用いられる。

・計画の評価にはインプット評価，プロセス評価，アウトカム評価／アウトプット評価，がある。

・保健医療福祉計画においては行政の透明化や地域住民の合意形成が重要なテーマになっている。

・保健医療福祉計画の策定過程に住民が参加することは，政策の改廃や順序づけについての地域社会の受容を高める上でも極めて有用である。

・地域住民が求める多様な保健医療福祉ニーズに対して，基礎的自治体である市町村が責任をもつ体制が効果的である。

<table>
<tr><td>終　章</td><td>保健医療福祉行政の今後の展望</td></tr>
</table>

第1節　欧米5カ国との対比でみる日本の医療・介護の状況

　ヨーロッパの先進国の社会保障支出（GDP比）は，医療費支出を別として日本と比べて高い国が多いが，その分国民の負担も大きくなっている。日本との違いは，生活上のリスクに対して個人として対処するのでなく社会システムで対処する（つまり，社会に委託する）度合いの違いであると言える。

　医療・介護のあり方を考える上では，①質の維持，②アクセス方法，③費用の賄い方の3つの要素について着目することが有用で，各国の制度の比較でも有効な視点を示してくれる。フランスやドイツでは地域保険は有しておらず，被保険者は被用者や自営業者が中心である。ドイツでは家庭医機能の強化をフランスと同様に行い，家庭医に診てもらった場合の一部負担を軽くすること等によって医療費の増大に対応しようとしている。イギリスでは医療はNHS（国民保健サービス）による給付となっているが，NICE（国立優良診療評価機構）の評価等により合理化も行われている。ヨーロッパでは公的医療保険を補完する私的保険が相当役割を果たしており，公的保険の不十分さを補っていることには注意を要する。

　アメリカの保健費はGDPの16.8%（2019年）に達し，世界最大の規模だが，公的医療保険は高齢者・障害者（メディケア）と貧困者（メディケイド）に限られ，企業による私的医療保険購入の負担は大きい。オバマ元大統領により民間医療保険加入者を拡大する法案が成立し，2014年から実施に移されているが，民間保険料が上昇し反発する声もある。

　介護を社会保険で運営しているのは，日本の他にはドイツやオランダが挙げ

られる。フランスでは介護サービスとして要介護者への自立給付が支給される
ようになったが，民間保険によって給付の不十分さを補う方策が検討されてい
る。フランスにおいて近年社会保障財政を賄う大きな役割を果たすようになっ
たのが，1991年に創設された一般社会拠出金（CSG）という個人の所得に課さ
れる税金である。イギリスでは介護は公費により賄われているが，近年赤字で
あり，財政的な先行きが心配されている。アメリカの介護は，ナーシングホー
ムだけが一部メディケア・メディケイドで一部賄われているが，今後の高齢化
に対応するにはまったく不十分とされている。スウェーデンでは1992年のエー
デル改革により，医療サービスとしての長期療養病床を廃止して，社会サービ
スとしてのナーシングホームなどの24時間サービスの施設に変更した。

　日本の医療・介護費は今後とも増加することが見込まれ，その財源確保およ
び制度の適正化が必要とされている。人口高齢化と人口減少という点で日本は
先進諸国の中で最も深刻な状況に直面しており，適切な現状認識の下に状況に
応じたダイナミックな改革を常に実施していくことが求められている。

第 2 節　今後求められる保健医療福祉行政

　社会保障の規模は，その持続可能性なくしては国の財政の健全化は考えられ
ない程大きくなっている。今後，高齢化等によって医療や介護はさらに規模が
拡大することが見込まれている。また，家族給付や福祉の分野でも機能強化の
ための給付拡大が必要とされている。このように負担拡大が不可避であるなら，
経済成長（効率性）をできるだけ損なわないような負担の仕組みを構築してい
くことも重要になる。

　医療ニーズの低い高齢者の社会的入院を助長するとして厚生労働省は介護療
養病床の廃止を主張してきたが，医療機関が収入減少を嫌って介護医療院とし
ての存続が図られた。生活保護費に関しては，格差の元となる子どもの貧困問
題に対する取り組みが不十分ながら始められている。

　医療に関しては，医療費の大きさと平均寿命の関係に改めて関心がもたれて

いる。食生活や生活様式など様々な要因が平均寿命の伸びに貢献しているが，医療の貢献も近年再び注目されるようになってきた。一方，病床数が異常に多く，１床当たりの医療従事者が少ないという日本の医療システムの問題点に対し，抜本的な対策を立てなければ国民が安心する医療サービスの提供は遅かれ早かれ困難になると懸念されていたが，2020年に始まったコロナ禍ははからずもそのような実態を国民の前にさらけ出した。介護も含めた医療提供施設の抜本的な改革が求められている。

　これまで日本では診療費を払えない保険者はほとんどいなかった。健保組合が解散して協会けんぽに吸収されるといった例や市町村国保に一般予算が投入されるといった事前の対応があったからとも言えるが，いまや国保の保険料滞納率は約10％である。これからの日本を考えると，高い経済成長は望めず，高齢化によって医療費の伸びを経済成長以下に抑えるのが非常に難しいとすれば，GDP に対する医療費の割合は一層高まっていかざるを得ない。まず合理的な範囲で医療費を抑制する。その上でどうしても必要な医療費を賄うためには，保険料を上げるか，投入する税金を増やすか，患者の一部負担をさらに増やすか，の３つしか選択肢はない。これから2026年までに医療費も介護費もかかる75歳以上人口が2,200万人台に増えて，その後その状態が20年間続くことになる。現在40歳の人たちにとっても，自分たちが75歳になったときに現在のような医療や介護が受けられるのか，という問題である。医療供給体制の変革は一朝一夕にできるものではないが，こうした問題への対応を行うのに遅すぎるということはない。

　日本はインフォーマル部門が伝統的に重要な役割を果たしてきた国であるが，生活保障における家計や企業の役割は次第に低下し，公的部門の役割にも財政等の制約があるため，近年では市場の役割に期待する議論が増えている。今後，保健医療福祉サービスの課題を解決する上で市場による解決策をどの程度活用するかについて，いわゆる準市場と言われる分野ではなお多くの検討が必要である。

第3節 読者へのメッセージ

　本書の最終的な目的は，読者が保健医療福祉行政について自分なりのしっかりとした意見を持ち，今後の投票活動や日々の生活においてそれを活かすことにある。現在の政治・経済状況では，ただ待っているだけでは良い保健医療福祉サービスは得られない。一人ひとりがどのような保健医療福祉制度を望み，どの程度負担するのかを明確にして，それを実現するよう努力しなければならない。例えば，社会福祉関係者以外の場での社会福祉への見方は，総論賛成各論反対であることが多く，特に費用負担には消極的である。そうした周囲の環境を乗り越えて周囲を説得できるだけの学識を持たなければならない。その目的のために本書が少しでも役立ってもらえれば，と願っている。

　社会保障は社会連帯の上に成り立っており，社会保障の効率化と機能強化のバランスが常に求められている中で「個人の自由な決断こそが社会連帯を支える」とすると，個人が自由に決断するためには，自由な個人がいて，合理的な選択肢があり，各選択肢についての情報を十分もっており，熟慮した上で選択肢の中の一つを選ぶことが必要である。

　現在でも，大きな政府では民間の活力が削がれ，国際競争力が低下するという主張がある。しかし，世界経済フォーラムによる競争力ランキングでは，社会保障が充実しているスウェーデン，デンマーク，フィンランドなどの北欧諸国の国際競争力は低くない。つまり，社会保障が充実していても国際競争力が低下するとは限らない。政府の規模が大きいか小さいかは相対的なものであり，コモン・センスに立脚したきめ細かな議論が必要である。大きな政府か小さな政府かということより，政府が効率的に機能しているかどうかが重大な関心事となる。例えば，若い世代にワーキング・プアが存在することは政策の失敗であり，雇用政策が十分機能していないことによるものである。政策を機能させること，これこそが国民が政府に望んでいることである。社会保障を充実させ，病気や老後の心配をせず思い切り働ける社会を実現させることは，日本経済を

持続的に成長させ，国際競争力を維持するという目標のための一つのアプローチである。

　特にこれからは，高度経済成長時代のようなプラスの話だけでは済まず，マイナスの話，すなわち一部の人には不利となり反対するようなことも実施しなければならない。そうした反対者がいても，本当に国民全体のためになるのであれば実施するという厳しい判断が求められていくことになろう。根拠に基づいた政策が推進され，社会保障のガバナンスが向上するよう国民が要求していくことも重要である。社会保障を広く勉強し，何が多数のためになり，どんなものが一部の利益にしかなっていないのか，何が財政的に重要な改革で何がそうでないのか，といった点を考え抜く必要が出てくる。これは，世界的な競争といったことも考慮に入れた判断も必要であろう。社会保障はそれぞれの国の文化を反映している。これからの社会保障を考えることは，これからの日本の文化を考えることにもなるだろう。

索　引

あ 行

アウトカム指導　204

アカウンタビリティー（説明責任）の履行
　　203

朝日訴訟　135

アルマ・アタ宣言　5

イギリスのケアマネジメント　127

育児休業　173

医行為　56

依存財源　188

依存症対策　28

委託金　187

1.57ショック　173

一部負担　45, 73

　　──金　33, 35

一般財源　187, 188

一般社会拠出金　208

一般徴収　70

医薬品被害　44

　　──の防止　60

医療安全支援センター　63

医療介護総合確保計画　198

医療介護総合確保推進法　24, 80, 112

医療 coverage　34

医療機能評価　52

医療計画　54, 197, 200

医療行為　67, 115

医療事故調査・支援センター　64

医療費適正化計画　51

医療扶助費　48

医療法人　54

医療モデル　205

胃ろう　75

院内感染防止　66

インフォーマルなケア　112

インフォームド・コンセント　67

エイズ対策　13

衛生費　192

エーデル改革　102

応益負担　192

応能負担　192

公の支配　194

オタワ憲章　5

オバマ・ケア　34

オンライン　250

か 行

介護休業　173

介護給付費納付金　45

外国人労働者　121

介護福祉士　120, 176

介護報酬　97

介護保険財政安定化基金　91

介護保険事業計画　100, 131, 198

介護予防・日常生活支援総合事業　94

介護療養型医療施設　108, 109

介護老人福祉施設　108

外部サービス利用型特定施設　111

家庭医　207

ガバナンス　204, 211

ガバメント　204

カルテ　63, 74

感染症法　11

がん対策　16

がん対策基本法　16

がん登録推進法　17

機関委任事務　1

基準病床数　55

技能実習生　122

救急医療　60

給付・反対給付均等の原則　36

強制加入　36

共生社会　166

行政の透明化　202
共同募金　194
国柄が感じられる財源　187
グループホーム　117, 161
ケアマネジャー　91, 96, 104
結核対策　11
健康格差　6, 21
健康寿命　6, 21, 22
健康増進計画　198
健康増進法　18
健康日本21　20
　　──（第2次）　20
健康保険組合　37, 47
健康保険法　36, 37
研修制度　59
現物給付　45
権利としての社会福祉　135
広域連合　38, 69
高額療養費　45
後期高齢者支援金　45
高次脳機能障害　28
厚生労働省　3
　　──の危機管理　48
後発医薬品　44, 51
公費負担医療　33, 48
合理的配慮　165
高齢者虐待　151
高齢者の医療の確保に関する法律　26, 51
国際障害者年　135, 156
国民医療費　49
国民健康保険　38, 48
　　──団体連合会　39, 48, 103
　　──法　36, 37
国立公衆衛生院　5
国立保健医療科学院　5
国連・障害者の10年　156
子ども・子育て支援新制度　200
ゴールドプラン　135
混合介護　97

さ　行

災害時医療　61

再生医療　65
在宅サービス　149
在宅扶助　147
在宅療養支援診療所　75, 85, 126
サービス付き高齢者向け住宅（サ高住）　105,
　　116
三位一体の改革　187
支援費制度　158
自殺対策基本法　29
資産調査　115, 143
自主財源　188
市場による解決策　209
次世代育成支援行動計画　199
事前指示書　74
市町村保健センター　9, 24
児童虐待　168
児童相談所　140, 168
児童手当　171
児童福祉法　168
児童扶養手当　170
社会的入院　79, 89, 131
社会的排除　180
社会福祉基礎構造改革　136
社会福祉協議会　175
社会福祉士　176
社会保険　90
社会保険診療報酬支払基金　47
社会保障関係費　183
社会保障給付費　184
社会保障制度　36
社会保障と経済成長　190
社会保障と税の一体改革　3
社会保障の規模　186
社会連帯　210
収支相等の原則　35
重症急性呼吸器症候群　14
住所地特例　93
終末期医療　75
授産事業　147
障害者基本計画　157
障害者基本法　156
障害者計画　199

障害者権利条約　137, 159
障害者雇用納付金　166
障害者雇用率　165
障害者差別解消法　159
障害者自立支援法　158
障害者総合支援法　159
『障害者白書』　156
障害福祉計画　199
食中毒の被害防止　2
所得段階別定額保険料　98
自律支援プログラム　148
新オレンジプラン　153
新型インフルエンザ　14
新型コロナウイルス感染症　15
新健康フロンティア戦略　20
新興・再興感染症　11
審査支払機関　39
身体障害者更生相談所　141
身体障害者手帳　160, 162
診療報酬　43
診療録　→カルテ
水準均衡方式　143
スペイン風邪　31
生活困窮者自立支援法　177
生活保護　142
　　――と暴力団　180
生活モデル　205
性質別の民生費　191
精神障害者保健福祉手帳　162
精神保健　26
精神保健福祉士　27, 162
精神保健福祉センター　141
精神保健福祉法　161
成年後見　155
政府の規模　210
政令指定都市　2
前期高齢者納付金　46
1970年代モデル　185
全国健康保険協会　47
先進医療　35
選定療養　43
臓器移植　82

相対的貧困　143
相対的貧困率　179
措置制度　87-89

た　行

大数の法則　35
地域医療構想　51, 56
地域医療支援病院　53
地域支援事業　94
地域福祉　175
地域福祉計画　199
地域包括ケア　80, 112
地域包括支援センター　112, 141
地域保健　10, 207
地域密着型サービス　94, 100
治験　67
知的障害　161
地方自治法　1
地方分権一括法　1
中央社会保険医療協議会　44
中核市　2
調整交付金　92
定期巡回・随時対応型訪問介護看護　94, 105,
　　125
デルファイ法　202
ドイツの公的介護保険　107
特定技能者　122
特定機能病院　52
特定健康診査　51
特定財源　187, 188
特定施設　108, 110, 115, 117
特定入所者介護サービス費　99
特別会計　92
特別支援学級　30
特別支援学校　30
特別児童扶養手当　170
特別徴収　70
特別養護老人ホーム　108, 112, 116, 150

な　行

内閣府　3
難病対策　17

二次医療圏 52, 55
21世紀モデル 185
日常生活自立支援事業 154
日本赤十字社 177
日本の医療費の仕組み 77
任意後見 155
　　──契約 155
認知症 93, 102
認知症 93
認知症高齢者 72, 152, 154
認知症サポート医 126
認知症疾患医療センター 72, 126
認知症初期集中支援チーム 72
認知症対応型共同生活介護 94
認定こども園 171
ノーマライゼーション 135, 155

は　行

ハーグ条約 169
8020運動 28
バンコク憲章 5
必要即応の原則 142
被扶養者 39
被保険者 35, 39, 90
被保護人員 145
被保護世帯 145
病床機能報告 52, 56
費用便益分析 201
福祉3法 133
福祉事務所 140, 175
福祉8法改正 135
福祉用具貸与 108
福祉6法 135
婦人相談所 141, 170
不正受給 148
負担金 187
不登校 30
不服申立て 48
プライマリ・ヘルスケア 5
プリシード・プロシードモデル 202
平均在院日数 81
ベーシックインカム 181

ヘルスプロモーション 5
保育所 171
法定後見 155
補完性の原則 188
保健医療機関 39
保険外併用療養費 43
保険者 37
保険収載 43
保健所 7, 24
　　──法 7, 24
保護施設 147
母子家庭 170
母子健康手帳 25
母子保健 25
補助金 187
補足給付 99
補足性の原理 142
ホームレス対策 179

ま　行

民間医療保険 34
民生委員 177
民生費 190
目的別の民生費 191
目標値の設定 200

や　行

薬価基準 43, 44
薬価差 44
有料老人ホーム 113, 150
要介護認定 90, 91, 131
横出しサービス 100
予防給付 93
予防接種 12

ら・わ行

ライシャワー事件 27
療育手帳 162
利用者負担 192
療養病床 52, 56, 78, 79
レセプト 39
連合国軍最高司令官総司令部 87

老人医療無料化　68

老人福祉計画　199

老人福祉法　148, 150

老人保健施設　109

老人保健法　26

ワーキング・プア　210

ワーク・ライフ・バランス　172

欧　文

DPC　43, 85

EPA 協定　122

ODA　82

SARS　→重症急性呼吸器症候群

WHO たばこ規制枠組条約　21

著者紹介

府川　哲夫（ふかわ　てつお）第1章，第4章，第5章，第6章，終章
1950年生まれ。1974年東京大学理系大学院修士課程修了。1998年保健学博士（東京大学）。
現　在　福祉未来研究所代表，一橋大学大学院客員教授。
主　著　『先進5か国の年金改革と日本』（共編著）丸善プラネット，2005年。
　　　　『日本の社会保障政策』（共著）東京大学出版会，2014年。

磯部　文雄（いそべ　ふみお）第2章，第3章，終章
1950年生まれ。1974年東京大学法学部卒業。2006年まで厚生労働省勤務。
現　在　福祉未来研究所代表，豊橋創造大学客員教授。
主　著　『老いる首都圏』社会保険研究所，2009年。
　　　　『概説　福祉行財政と福祉計画 改訂版』（共編著）ミネルヴァ書房，2017年。

保健医療福祉行政論 改訂版

2017年 6 月20日	初　版第1刷発行	〈検印省略〉
2019年12月30日	初　版第2刷発行	
2022年 1 月20日	改訂版第1刷発行	定価はカバーに表示しています

著　　者　　府　川　哲　夫
　　　　　　磯　部　文　雄
発　行　者　　杉　田　啓　三
印　刷　者　　江　戸　孝　典

発行所　株式会社　ミネルヴァ書房

607-8494　京都市山科区日ノ岡堤谷町1
電話代表　075-581-5191
振替口座　01020-0-8076

© 府川哲夫・磯部文雄，2022　　共同印刷工業・新生製本

ISBN978-4-623-09343-4
Printed in Japan